임종국

―친일의 역사는 기록되어야 한다―

임 종 국

― 친일의 역사는 기록되어야 한다 ―

글
정지아
그림
이윤엽
기획
민족문제연구소

여우고개

[초판] 추천의 말

임종국 선생님을 아나요?

2008년은 우리나라가 광복을 맞은 지 63년이 되는 해입니다. '광복(光復)'이란 말은 '빼앗긴 주권을 되찾았다'는 말입니다. 1910년부터 1945년까지, 우리나라가 일본에게 강탈당했던 주권을 회복한 것을 말하는 것이지요. 어른들이 흔히 '일제시대'라고 부르는 이 일제 강점기는 아주 까마득한 일처럼 느껴질 만합니다. 이 책을 펼친 여러분이 세상에 태어나기 훨씬 전의 일이니까요. 하지만 그 시대로 인한 상처와 후유증은 아직까지도 우리나라, 우리 민족에게 뿌리 깊게 박혀 있습니다.

여러분은 '민족'이라는 말을 피부에 와 닿게 느낀 적이 있나요? 고려이든 조선이든 수백 년 동안 하나의 나라에서 한민족으로 살아온 우리에게는 우리 백성, 우리 국민, 우리 민족이 모두 같은 의미를 가진 말들이었습니다. 그런데 일제가 우리나라를 강제로 점령하면서 우리는 졸지에 나라를 빼앗긴 민족이 되었습니다. 그때부터 '조선 민족'이라는 이유만으로 핍박당하기 시작했습니다. 그리고 그런 민족의 독립을 위해 피를 흘리고 목숨까지 바치던 시대였습니다. 그

시기를 살았던 우리 할아버지, 할머니 들은 나라 잃은 민족의 설움을 몸소 겪으신 분들입니다. 지금 우리 할아버지, 할머니 들은 일제 강점기 때엔 바로 여러분과 같은 또래였습니다.

나라를 빼앗긴다는 것은 민족의 삶에 있어 모든 것을 빼앗기는 것이나 마찬가지입니다. 정치·경제·사회는 물론, 개인의 일상과 신상에까지 일제의 마수가 뻗쳤던 것입니다. 일제는 우리가 말하고 쓰고 읽고 생각하는 근본인 우리말, 우리글까지 금지했지요. '황국신민(皇國臣民)'이란 이름으로, 자기들 왕인 '천황'에게 백성 된 도리를 다하라 강요하고, 일본인이나 조선인이나 다 같은 국민이라고 외치면서도 실제로는 우리더러 '열등한 민족'이라 하여 차별하고 억압했습니다. 일제는 제2차 세계대전에서 패망하는 순간까지, 우리 민족을 군인으로, 일꾼으로, 위안부로 강제로 징용하고 동원하기까지 했습니다.

일제 강점기를 이해하는 열쇳말들이 여럿 있습니다. 독립운동, 광복, 강제 징용, 위안부 등등. 우리 민족이 강점기 내내 부르짖었던 독립과 광복은 강점기가 끝나는 순간 마침내 쟁취되었습니다. 하지만 그 열쇳말들 중에서, 광복이 된 지 60년도 더 지난 오늘날까지도 우리 사회에 어두운 그림자를 드리우고 있는 것이 있습니다. 바로 '친일'입니다. '친일'이 왜 문제가 되는 것일까요? '이웃 나라'인 일본과 친하자는 게 왜 나쁜 것일까요? 왜냐하면, 일제 강점기에 '친일'하였다는 것은, 일제가 총칼을 내세워 우리 민족을 억압하는 상황에서 일제에 협력하고 도움을 주었다는 것이며, 이는 결국 민족정기를 말살하고 유린하는 일제의 앞잡이 노릇을 한 것이기 때문입니다. '친일'이라는 것은 이렇게 기본적으로 민족에 대한 반역의 속성을 가지고 있는 것입니다.

그런데 더욱 큰 문제는, 일제가 패망하고 물러간 뒤에도 일제 강점기에 친일했던 사람들이 그대로 남아 대한민국 정부의 고위 자리를 차지했다는 점입니다. 이들이 권력을 손에 쥐고 있으니 친일 청산을 하고자 했던 각계의 노력들이 번번이 수포로 돌아갈 수밖에 없었습니다. 권력을 가진 그들은 그 자리를 이용해 재산을 불려나가는

데 여념이 없었습니다. 반면 일제 강점기에 나라의 광복을 위해 목숨을 내걸었던 독립운동가들과 그 가족은 일제하의 궁핍하고 힘들었던 삶을 고스란히 이어가게 됐습니다. 이런 역사의 아이러니가 오늘날까지도 버젓이 존재하고 있는 것이 대한민국의 현실입니다.

그런데 무엇보다도 가장 큰 문제가 있습니다. 바로 역사 기록의 문제입니다. 친일 행적이 있는 사람들은 친일의 내역을 역사로 기록하는 것을 온갖 수를 써가면서 막아왔습니다. 친일 행적이 역사적으로 너무나도 명백한 사실로 드러났음에도 그것을 부정하다 못해 왜곡하고, 사실이 아닌 다른 것들을 끌어와 사실이라고 꾸며내고 있습니다. 그런데 이는 오늘날 일본 정부와 정치인들이 보이는 행태와 무척 닮아 있습니다. 우리나라의 근대화에 도움을 주고 산업을 발전시켰다는 둥의 합리화를 하거나, 군 위안부를 동원한 사실이 없다고 잡아떼거나 하는 행태 말입니다. 최근에 일본은 기어이 독도에 대한 야욕을 본격적으로 만천하에 드러내고 있는 실정입니다. 이 모든 일이 우리가 친일 세력을 온전히 청산하지 못해 민족정기를 살리지 못한 것과 맞닿아 있습니다.

이 책의 주인공인 임종국 선생은 바로 이러한 일을 바로잡고자 평생을 바친 분입니다. 친일 세력들의 친일 행적을 낱낱이 밝히고 기록하는 것이야말로 우리 민족의 정체성을 되찾고 민족정기를 되살릴 수 있는 길이라고 굳게 믿었던 분입니다. 임종국 선생은 학교에서 역사 공부를 하지도 않았고, 학교에서 강의하기 위해 역사 공부를 한 것도 아니었습니다. 그래서 선생을 '재야' 사학자라고 부릅니다. 선생은 바로 민족의 역사를 바르게 알리기 위해 평생의 생애를 바쳤습니다. 온갖 역경과 외압에도 불구하고, 어두운 역사라도 있는 그대로 기록해야 한다는 그 신념은 어느 주류 사학자들도 가지지 못한 훌륭한 역사가의 태도였습니다.

그리고 선생이 몸 바쳐서 세우려던 그 가치는 비단 우리 민족의 일에만 해당하는 것이 아닐 것입니다. 옳은 것을 옳다고 하지 못하고, 그릇된 것을 그르다고 하지 못해서는 세상의 정의를 바로잡지 못하게 됩니다.

추천사를 쓰며 기억을 더듬다 보니, 생전에 임종국 선생을 만났던 순간이 떠오릅니다. 보통을 조금 넘는 체구로 몸이 장대하지는 않았으나 강단이 있는 분이었습니다. 의지에 찬 기개를 지니고 있으면서도 평소 사람들을 대할 적에는 늘 겸손한 말과 몸가짐을 하였습니다. 그런 태도가 있었기 때문에 친일 청산과 제대로 된 민족사를 기록해야 한다는 외곬의 생각으로 평생을 살아갈 수 있었던 것입니다.

임종국 선생의 삶을 다룬 책에 몇 줄이나마 거들게 되어 정말 기쁩니다. 이 책을 여러분에게 적극 추천합니다.

2008년 7월
더위가 기승을 부리는 임진강 가에서 통일을 염원하면서
이이화_역사학자

펴내는 말

21세기 독립투사들에게

"독립운동을 하면 3대가 망하고 친일을 하면 3대가 떵떵거리며 잘산다"는 말이 있습니다. 말뿐이 아니라 실제로도 그렇습니다. 대부분의 독립운동가들은 자기 목숨을 내걸고 했기 때문에 가족들을 돌볼 여력이 없었답니다. 심지어 광복이 된 다음에도 나라에서는 독립운동가와 그 가족들을 돌보지 않았습니다. 왜냐하면 친일한 사람들이 권력과 돈을 거머쥐고 자신들의 부끄러운 과거가 드러나지 않도록 윽박질렀기 때문입니다. 그러한 분위기였으니 친일파들의 행적을 연구하고 책으로 내는 데 온 힘을 다한 임종국 선생 또한 독립운동가와 마찬가지로 가족들을 제대로 돌보지도 못하고 힘든 시간들을 보냈습니다. 제대로 된 나라라면 독립운동을 했던 사람들이 그 나라의 대통령도 되고 장관도 되고 국회의원이 되어야 했지요. 미국의 초대 대통령인 조지 워싱턴은 영국과 싸워 독립을 얻어낸 독립전쟁의 영웅이었고, 프랑스의 드골 역시 장군으로서 독일에 맞서 용감히 싸웠기에 나중에 대통령이 된 것처럼 말입니다.

임종국 선생은 총이 아닌 펜을 들고 일본 그리고 친일파들과 싸웠습니다. 하지만 그에게 돌아온 것은 온갖 비난과 가족의 불행뿐이었습니다. 1989년 11월 세상을 떠나셨을 때 선생의 장례식장은 쓸쓸하였고 선생이 남긴 방대한 친일 연구 자료는 거들떠보는 사람들이 거의 없어 자칫 쓰레기가 될 뻔하기도 했지요. 그러던 중 평소 임종국 선생을 존경하던 몇몇 젊은이들이 선생의 연구 자료를 결코 헛되이 할 수 없고 오히려 친일 문제 연구는 선생처럼 홀로 할 게 아니라 더 많은 사람들이 해야 한다는 뜻에서 연구소를 만들게 되었습니다. 그 연구소가 바로 '민족문제연구소'입니다(당시에는 이름이 '반민족문제연구소'였습니다).

'민족 문제'라고 한다면 여러 가지가 있을 것입니다. 그러나 오늘날 한국 사회에서 가장 중요한 민족 문제는 바로 '반민족 문제'입니다. 민족을 배반한 사람들의 행위를 철저하게 밝혀내고 청산하지 못한 것이, 광복된 지 78년이 지난 오늘날까지도 우리 사회를 옥죄고 있습니다. 일제하에서도, 또 광복 이후의 대한민국에서도 기득권을 부여잡은 친일 세력들은 이제는 있었던 역사마저도 부정하려 들고 있습니다. 일제 강점기에 대해 반성과 사죄가 없고 거짓말로 일관하고 있다는 점에서, 친일 세력과 오늘날의 일본은 매한가지입니다. 그럼에도 우리 일부 청소년들은 인터넷에 친일 카페를 만들어놓고 활동하고 있다고 합니다. 그러니 민족문제연구소가 할 일이 여전히 많습니다. 어느 시인의 말처럼 임종국 선생이 남긴 친일파들의 행적 카드가 《팔만대장경》처럼 국보로 여겨질 때 우리나라의 역사는 비로소 바로 세워질 것입니다.

1991년 2월, 방 하나 거실 하나가 전부인 서울 변두리 가정집에서 초라하게 간판을 내걸었던 연구소는 지금은 전국적으로 5천여 회원들이 후원하는 규모로까지 확장했습니다. 친일파 후손들과 그 제자들의 압력과 회유가 있었음에도, 또 적게나마 연구비를 지원하려고 하는 움직임마저 방해받는 상황에서도, 이렇게까지 연구소에 대한 후원과 참여가 있게 된 것은 다른 누구도 아닌 뜻있는 시민 여러분 덕분입니다. 특히 《친일인명사전》을 만드는 데 십시일반으로 돈을 모아준 네티즌들의 힘이 가장 컸습니다. 임종국 선생은 홀로 외롭게 싸웠지만, 지금은 수많은 시민들의 지지와 성원이 함께합니다. 친일 청산을 가로막는 온갖 방해와 공작 속에서도 우리가 지금 희망을 얘기할 수 있는 것은 바로 이런 시민들이 있기 때문입니다.

임종국 선생이 태어나면서부터 워낙 특출하고, 민족을 위해 큰 일을 할 운명이 주어졌던 건 아닙니다. 본문을 읽으면 알게 될 테지만, 소년 임종국, 청년 임종국의 모습을 보면 겁이 많기도 하고 고집도 셉니다. 이 말인즉슨, 독립운동을 하거나 민족의 과업을 이루는 사람이 따로 정해져 있는 게 아니라는 말입니다. 민족문제연구소의 《친일인명사전》 편찬을 위해 모금을 해준 수많은 네티즌들이야말로 21세기 독립투사이며, 지금 이 책을 집어 든 여러분 역시 그런 씨앗을 마음속에 품고 있는 분들입니다. 임종국 선생은 홀로 싸웠지만, 지금 우리는 혼자가 아니라 함께입니다.

민족문제연구소

추천의 말 이이화 • 4
펴내는 말 • 10

프롤로그 • 16

1장 _ 식민지의 아들

조선 놈과 명태는 두들길수록
맛이 좋아진다 • 24
별이 흐르는 밤 • 31
식민지의 아들 • 41
해방이 뭐지? • 48

2장 _ 푸른 청춘의 하릴없는 방황

첼로 연주자가 되고 싶은 소년 • 58
육십령 고개의 시체 • 62
우울한 청춘 • 69

3장 _ 과거에서 찾은 길

박제가 되어버린 천재 • 76
시인의 시시한 시절 • 83
참빗 장수 • 89
다시 역사 속으로 • 93

4장 _ 민족의 내일을 위해

20년 전의 약속 • 100

도서관의 터줏대감 • 109

내가 빠지면
그 책은 죽은 책이다 • 112

침묵하는 세상 • 119

5장 _ 들판에 떨어진
한 알의 밀알이 되어

좌절의 나날 • 126

농부 사학자 • 132

잔혹의 기록 • 138

자료와의 전쟁 • 144

끝나지 않은 항일 투쟁 • 152

에필로그 • 159

작가의 말 • 176

발문 김삼웅 • 182

연보 • 191

프롤로그

1989년 11월 12일, 여느 날과 다름없는 아침이 밝았다. 푸르스름한 새벽하늘에 미약한 온기가 퍼지기 시작했다. 그 햇살이 지난밤의 어둠을 미처 다 걷어내기도 전, 한 남자가 헐레벌떡 병원 영안실로 뛰어들어 왔다. 남자는 영정 앞에 털썩 엎드려 울음을 터뜨리며 울부짖었다.

"친일한 사람들은 산삼 녹용 먹고 팔구십을 사는데 선생은 어찌 이리도 빨리 가셨습니까?"

좀처럼 울음을 그치지 못하는 그 사람은 사회운동가 권중희였다. 권중희는 백범 김구 선생을 암살한 안두희에 대한 처벌이 충분하지 않았다는 사실에 의심을 품고 1950년대부터 암살 사건의 배후를 파헤쳐 왔다. 그러나 이미 역사의 어두운 저편에 묻힌 사건의 진실을 밝히기란 쉽지 않았다. 역사의 심판에는 시효가 없다는 것이 권중희의 신념이었다. 아무도 도와주지 않는 외로운 싸움을 30년 가까이 홀로 진행해 온 권중희는 안두희를 여러 차례 면담한 끝에 1987년, 김구 암살을 지시한 사람이 바로 당시 대통령이던 이승만이었다는 자백을 받아낸 바 있었다. 권중희의 끈질긴 추적이 아니었다면, 미국과 이승만이 김구 암살의 배후에 있었다는 역사적 사실은 영영 어두운 역사의 저편에 묻혀 있었을 것이다.

전날 밤 숨을 거둔 영정의 주인 임종국 역시 권중희처럼 아무도 도와주지 않는 외로운 싸움을 해온 사람이었다. 두 사람 모두 역사적 사실은 반드시 밝혀져야 하고, 잘못된 역사는 반드시 바로잡아야 한다는 똑같은 신념을 갖고 있었다. 임종국은 평생 친일파 연구에 매달렸다. 일제 강점기 시절, 일본의 앞잡이가 되어 우리 민족을 전쟁터로 내몰고 우리말을 짓밟고 일본을 찬양하던 수많은 친일파들은 해방이 되었는데도 여전히 떵떵거리며 잘살고 있었다. 심지어는 독립운동가들을 고문하고 죽인 일본 경찰 출신이 해방된 조국의 고위 경찰로 승진한 경우도 적지 않았다. 세월이 흐르면서 일제 강점기 시절을 경험하지 않았던 사람들은 누가 친일을 했는지조차 모르게 되었다. 임종국은 그 시절의 신문과 자료를 샅샅이 뒤져 친일파들의 행적을 낱낱이 파헤쳤다. 잘못을 한 사람은 잘못을 인정하고, 그 죄를 마땅이 처벌받아야 한다고 생각했기 때문이었다.

너무나도 당연하고 옳은 생각이었다. 그러나 임종국이 평생 추적한 친일파들이나 권중희가 평생 추적한 김구 암살 사건의 배후는 아직도 권력의 핵심에 있었고, 그들에게는 두 사람의 신념이 위험하기 짝이 없었다. 그래서 두 사람의 삶은 더 힘들 수밖에 없었다. 옳은 일을 했음에도 불구하고 제대로 인정받지 못한 채 세상을 떠난 임종국의 영정 앞에서 권중희는 좀처럼 울음을 그치지 못했다.

이어 문학 평론가 김윤식 교수, 역사학자 조동걸 교수, 강만길 교수, 한승헌 변호사, 언론인 리영희 교수, 송건호 《한겨레신문》 사장 등이 겨울 아침의 추위를 뚫고 속속 도착했다. 그날 아침 조간신문 부고란에 실린 '재야 사학자 임종국 별세'라는 한 줄의 기사를 읽고 부랴부랴 달려온 것이었다.

임종국은 1989년 당시 겨우 60세였다. 그는 천안 구성동 집에서 멀지 않은 천안공원묘지에 묻혔다. 사람들은 그의 무덤 앞에 이런 비명을 새겼다.

그는 시인이요 사학자였고 민족주의자였다. 일찍이 시 〈비〉로 문단의 기대를 모았으나 이 나라 구석구석에 남은 일제 통치의 독소를 말끔히 씻어내고 민족정기를 되살리기 위해서 피나는 노력으로 방대한 자료를 찾아내어 문학뿐만 아니라 정치·경제·사회·종교 등 모든 분야에서 친일의 실상을 낱낱이 밝히는 파사현정(破邪顯正)*의 글을 쓰며 외로운 싸움을 맡았다. 그에게는 항일독립투쟁은 끝난 것이 아니었다. 아쉽게도 뜻을 다 펴지 못하고 삶을 마쳤으되 서슬 푸른 기개와 높은 뜻은 길이 이어지리라.

임종국이 세상을 떠난 지 15년 만인 2004년, 민족문제연구소에

---

* 그릇된 견해를 깨뜨리고 바른 견해를 드러냄.

서 그의 뜻을 이어받아 《친일인명사전》 출간 계획을 발표했다. 그 비용은 국민들에게 모금을 했고 삽시간에 7억 원이 모였다. 임종국이 평생 걸려 조사한 친일인명카드를 토대로 하여 지난 2005년 8월 29일 《친일인명사전》 수록 예정자 3,090명의 명단이 발표되었다. 이 발표는 국민들 사이에서 큰 논란을 불러일으켰다. 가족 중에 친일한 사람이 있는 유명한 사람들은 대부분 이 발표를 반대했다. 그러나 옳고 그름은 반드시 가려야 한다는 것이 더 많은 국민들의 생각이었다. 그 결과 2009년에 일제 식민 지배에 협력한 인사 4,389명의 친일 행위와 광복 전후의 행적을 수록한 《친일인명사전》이 출간되었다.

임종국의 평생에 걸친 연구는 살아생전 세상의 주목을 받지 못했다. 주목을 받기는커녕 권력의 탄압을 받았다. 아직도 임종국의 연구는 결실을 맺지 못했다. 사회 지도층 곳곳에 도사리고 있는 친일 세력들이 여전히 많기 때문이다. 그러나 오늘날, 대다수의 사람들은 비록 지나간 일일지언정 잘잘못을 제대로 가려 민족정기를 바로 세워야 한다는 임종국의 뜻을 통감하고, 그 결실을 이루기 위해 노력하고 있다. 임종국의 삶은 죽어서도 계속되고 있는 것이다.

1장 _ 식민지의 아들

조선 놈과 명태는
두들길수록 맛이 좋아진다

"찔러 총!"

고무신에 아스팔트가 찐득찐득 묻어나는 여름, 도로 옆의 중학교에서 우렁찬 고함 소리가 흘러나왔다. 햇빛이 하얗게 반짝이는 운동장에서는 중학생들이 군사훈련을 받는 중이었다. 집으로 가던 종국과 친구들은 교문 너머로 홀린 듯 그 모습을 바라보았다. 배낭을 메고 99식 총과 대검을 찬 중학생들의 모습이 근사했다. 이제 5학년이 된 종국의 나이는 열세 살, 중학생들과는 고작 두어 살밖에 차이가 나지 않는데도 교복 때문인지 아니면 멋진 총 때문인지 중학생들은 한참 위의 형으로 보였다.

그러나 훈련을 받는 중학생들은 별로 즐겁지 않은 모양이었다. 하기야 이런 더운 날 땡볕 아래서 종일 훈련을 받자면 힘들기도 할 터였다. 요즘 들어 어떤 날은 종일 수업도 하지 않고 훈련을 받거나 근로동원을 나가는 경우가 많았다. 초등학생인 종국도 일주일에 한 두 번 근로동원을 나갔다. 중학에 다니는 동네 누나는 군수공장에 나가서 일을 한다고 했다. 서울역이나 용산역에서 기차에 물건을 싣는 학생들도 있었다. 태평양 전쟁이 시작된 후 전 국민이 전쟁의 소용돌이에 휘말리고 있었다. 하지만 종국에게 그것은 실감 나지 않는 먼 이야기일 뿐이었다.

"이런 조선 놈의 새끼!"

더위에 지친 한 학생이 훈련을 받다 말고 푹 고꾸라졌다. 한 선생이 학생의 멱살을 잡고 일으켜서는 뺨을 후려쳤다.

"정신 똑바로 차려라!"

선생이 뭐라고 더 말을 했으나 낮은 소리라 종국에게는 들리지 않았다. 그러나 뭐라고 했는지 듣지 않아도 짐작이 갔다. 조선 놈과 명태는 두들길수록 맛이 좋아진다라든가, 조선 놈은 씨알머리가 원래 그렇다든가, 뭐 그런 말일 터였다. 일본 사람들은 누구나 그런 말을 했다. 만주에 있는 군마에게 먹일 건초를 베기 위해 근로동원을 갔던 종국도 친구들과 잠시 장난을 치다가 선생에게 그런 말을 들었다. 우리 조선 사람은 왜 씨알머리가 이 모양일까? 허구한날 그런 말을 듣다 보니 종국은 가끔 자신이 조선 사람인 게 싫어지기도 했다.

사실 종국은 자신이 조선 사람인지 일본 사람인지도 헷갈렸다. 언젠가 종국은 친구들과 골목길에서 일본말을 주고받으며 놀고 있었다. 학교에서는 조선말을 가르치지 않았다. 중등학교에서 조선어 과목이 폐지된 것은 1938년부터였다. 그래서 종국에게는 일본말이 훨씬 친숙했다. 일본말이 곧 국어였다. 그러나 집에 가면 어머니도 아버지도 조선말을 썼다. 동네 사람들도 일본 사람들이 없는 데서는 다 조선말을 썼다.

누군가 일본말로 신 나게 떠들고 있는 종국의 머리통을 탁 내리쳤다. 얼마나 세게 맞았는지 맞은 자리가 화끈화끈 불이라도 붙은 것 같았다.

"너 이놈!"

상투를 튼 할아버지 한 분이 손부채를 들고 불길이 이글거리는 눈으로 종국을 쏘아보고 있었다.

"조선 사람이 조선말을 써야지 왜 왜놈의 말을 쓰는 거냐? 이 정신머리 없는 녀석 같으니라구. 이러니 나라가 망하지."

나라가 망했다니? 자신이 일본 천황의 백성인 줄로만 알고 있던 종국으로서는 도무지 영문을 알 수 없었다. 언젠가 종국은 조선 사람이 출판하는 《동양지광》이라는 잡지에서 "조선인 스스로가 자진해서 마음속으로부터 일본 국민이 되어버리는 것이 가장 필요하다"라는 글을 읽은 적이 있었다. 그러니까 지금 조선에는 일본 국민이 되어야 한다고 생각하는 사람과 조선은 망했다고 생각하는 사람이 있는 모양이었다. 어느 쪽이 옳은 것일까? 어른들에게 조심스럽게 물어봤지만 아무도 속 시원히 대답해 주지 않았다. 그저 공부나 열심히 하라는 말뿐이었다.

"가자! 배고프다."

부러운 눈으로 중학생들의 군사훈련을 지켜보던 친구 하나가 화가 난 듯이 버럭 소리를 질렀다. 배가 고파서 그러는 것이다. 배고프다는 말을 듣자마자 종국의 배가 꾸룩꾸룩, 요동을 쳤다. 친구들 중에 배불리 먹는 사람은 아무도 없었다. 나라가 배급 주는 것으로는 하루 세 끼 끼니를 때우기도 어려웠다. 미국과의 전쟁에서 승리할 때까지는 국민 모두가 허리띠를 졸라매야 한다고 했다.

벌써 배가 고픈데 학교가 있는 재동에서 신설동까지 걸어가려면 한 시간도 더 걸릴 것이었다. 집 근처의 학교로 입학했는데 어머니가 신설동에 약국을 개업하느라 이사를 간 것이다. 매일 학교에 오가는 길이 너무 멀었다. 걸어갈 생각을 하니 배가 더 고팠다.

방에 가방을 집어 던져놓고 종국은 살금살금 장독대로 다가갔다. 옆집과 맞닿은 담장 밑 장독대에는 가을 햇살이 생선 비늘처럼 반짝이고 있었다. 종국은 장아찌가 담겨 있는 작은 항아리를 딛고 커다란 간장 항아리 위로 올라섰다. 간장 항아리를 애지중지하는 어머니가 아시면 큰일이 나겠지만 종국은 호기심을 억누를 수 없었다. 종국은 항아리 위에 쭈그려 앉은 채 조심조심 고개를 들었다. 이쿠요의 모습은 보이지 않았다.

이쿠요는 얼마 전 옆집으로 이사 온 일본 여자아이였다. 동대문 너머 신설동에도 요즘 부쩍 이사 오는 일본 사람들이 늘어났다. 조선이 일본의 식민지가 된 지도 어느 덧 30여 년. 어른들은 조국의 현실을 안타까워했지만 일본의 교육을 받고 자란 종국에게는 일본이 곧 조국이었다.

담 너머 소나무 밑에서 그림자가 얼씬거리는 것을 종국은 보지 못했다. 종국이 담 너머로 몸을 기울여 두리번거리는 찰나 턱밑에서 바스락거리는 소리가 났다. 놀란 종국은 항아리에서 떨어질 뻔했다. 이쿠요가 담 밑에서 고개를 치켜들고 종국을 빤히 바라보고 있었던 것이다.

"뭐 하고 있어? 나 찾은 거야?"

또랑또랑한 이쿠요의 눈망울을 보는 순간 종국의 뺨이 발갛게 달아올랐다. 언젠가부터 종국은 이쿠요만 보면 가슴이 두근거렸다.

"찾기는 누가 찾았다고 그래!"

부끄러운 종국은 괜스레 퉁명스럽게 쏘아붙였다.

"아니면 됐지 왜 화는 내고 그래? 화 내지 말고 같이 놀자."

이쿠요는 좀처럼 화를 내지 않는 아이였다. 언제나 다정하고 상냥했다. 종국은 상냥한 이쿠요가 좋았다. 이쿠요는 조선 놈의 종자가, 따위의 말도 하지 않았다.

종국이 이쿠요의 집으로 가려고 대문을 나서는 순간, 날카로운 이쿠요 어머니의 목소리가 들렸다.

"조선 놈하고는 놀지 말랬잖아!"

종국은 이쿠요네 대문을 지나쳐 그냥 걸었다.

'똑같은 황국 신민이라면서 일본 사람들은 왜 자꾸 조선 놈이라고 하는 걸까? 조선 사람은 그럼 일본 사람이 아닌 걸까?'

머릿속이 터질 듯했지만 누구도 속 시원히 대답해 주지 않았다. 어른들에게 그런 말을 물으면 다들 난처한 얼굴로 흠흠, 목소리만 가다듬다가 공부나 열심히 하라면서 말을 돌렸다. 전차가 다니는 큰길까지 나온 종국은 좀 전의 고민은 까맣게 잊어버리고 이내 수많은 사람들에게 마음을 뺏겼다. 사람들을 구경하느라 종국은 배고픈 것도 모르고 해 지는 것도 몰랐다.

별이 흐르는 밤

1942년 5월, 물이 차오른 들녘에서는 모내기가 한창이었다. 경성 공립농업학교 학생들도 모내기 실습을 나왔다. 연둣빛 쑥이며 질경이가 양탄자처럼 푹신하게 깔린 논둑길을 줄지어 걷는 학생들은 소풍이라도 나온 듯 들떠 있었다.

"자. 두 학생은 못줄을 잡고 나머지 학생들은 모를 심는다. 전원 논으로 들어가라."

선생님의 말이 떨어지기 무섭게 학생들은 작업복 바지를 둥둥 걸어 올리고는 첨벙거리며 물이 찬 논으로 뛰어들었다. 초여름이긴 했지만 맑은 햇살이 천지 사방 소낙비처럼 쏟아져 등허리가 따가운 날이었다. 학생들이 개구리처럼 논으로 뛰어들고 논두렁에는 한 학생만 우두커니 서 있었다.

"임종국, 뭐야? 넌 왜 안 들어가?"

종국은 올해 경성공립농업학교에 입학한 신입생이었다. 종국이 농업학교에 입학한 것은 아버지의 뜻이었다. 천도교 일을 하던 아버지는 친구 두 사람과 함께 종로 2가에 불로제약이라는 회사를 차렸다. 그러나 사업은 시원치 않았고, 결국 문을 닫았다. 회사가 망한 뒤 아버지에게 남은 것은 양주군 도봉리(현재 서울시 도봉구 도봉동)에 있는 회사 소유의 땅이었다. 이 땅에 농장을 만들어 농촌 청년을 교육하면서 천도교를 포교하는 게 아버지의 마지막 꿈이었다.

천도교는 1860년 최제우가 창시한 동학에서 비롯된 종교로, 사람이 곧 하늘이요, 하늘의 마음이 곧 사람의 마음이라는 인내천(人乃天) 사상을 근본으로 하는 우리 민족 고유의 종교였다. 일본 유학을 가기 위해 부산에 들렀다가 천도교인 신용구를 만난 종국의 아버지 임문호는 천도교의 인내천 사상에 매료되어 유학도 포기한 채 평생 종교 활동에 몸 바쳤다.

동학에서부터 시작된 천도교는 원래 일본에 반대하여 민족독립을 주장했다. 1910년 우리나라가 일본에 강제로 병합되었을 때는 민족해방운동에 앞장섰으며, 1919년 3·1 만세운동 때도 다른 종교계나 학생들과 함께 독립운동을 위한 시위를 주도했다. 이 무렵 임문호도 일본 경찰에 붙잡혀 모진 고문을 당한 바 있었다. 민족의 독립을 위해 문화운동, 여성운동, 농민운동을 전개하던 천도교는 1930년대 후반에 접어들면서 일본의 탄압과 회유가 심해지자 결국 친일로 돌아서고 만다.

　종국의 아버지 임문호도 마찬가지였다. 그는 천도교청년당에서 활동하고 있었는데, '비타산적으로 내선일체(조선과 일본은 하나)의 정신을 발휘'하자는 결의문을 발표하고, 천도교 본부의 방침에 따라 시국에 순응하여 전쟁 협력에 나섰다. 그러나 임문호가 친일 발언만 한 것은 아니다. 임문호는 1940년에 있었던 창씨개명(일본식 이름 강요) 때는 끝까지 이름을 바꾸지 않았다. 새로운 일본 이름을 거부하고 조선 이름을 고집한 것이다. 아버지 덕분에 종국도 종국이라는 조선 이름을 사용할 수 있었다.

　그러나 어린 종국은 아버지가 친일파인지 아닌지, 왜 창씨개명을 하지 않는 것인지도 자세히 알지 못했다. 다만 아버지의 뜻을 이루기 위해 농업학교에 진학한다는 사실이 괴로울 따름이었다. 종국은 농사일 같은 데는 조금도 흥미를 느끼지 못했다.

　선생님의 재촉을 받고서야 종국은 머뭇머뭇 논으로 들어갔다. 햇살은 따가웠으나 발목 부근에 찰랑이는 물은 아직 차가웠다. 먼저 들어간 친구들이 앞줄을 차지하고 있어서 종국은 맨 뒷줄로 갔다. 흙에 발이 쑥쑥 잠겼다. 흙을 디디자 보드라운 흙이 발가락 사이로 미끄러지듯 흘러들었다. 한 친구가 논두렁에서 야구공이라도 던지듯 뺌가웃 자란 모 다발을 던졌다. 한 번도 모를 심어본 적이 없는 종국은 친구들을 곁눈질하며 모를 심기 시작했다. 왼손에 모 다발을 들고 오른손으로 서너 포기씩 뽑아 손가락 깊이로 흙 속에 쑥쑥 박아 넣는, 단순한 동작이었다.

모 심기에 흥이 붙을 무렵 왼쪽 종아리가 따끔했다. 놀란 종국이 왼발을 높이 들어 올렸다. 시커먼 거머리가 종아리에 달라붙어 있었다. 다리를 마구 흔들어도 거머리는 떨어지지 않았다. 그사이에도 종국의 피를 빨아 먹고 있는 거머리는 풍선처럼 부풀더니 제 풀에 나가떨어졌다. 피를 먹거나 말거나 아무래도 좋았다. 종국은 길쭉하고 시커먼 거머리의 생김새에 오만 정이 떨어졌다.

농업학교에 진학한 종국은 점점 말수가 줄어들었다. 학교에도 흥미를 잃었다. 집에서도 종국은 걸핏하면 혼자 있기를 좋아했다. 그런 종국을 유일하게 이해하는 사람은 어머니였다.

"애, 종국아. 자니?"

어느 날 밤, 누군가 가만가만 종국의 어깨를 흔들었다. 잠귀가 밝은 종국은 어머니의 손길이 어깨에 닿는 순간 이미 잠이 깨었다.

"왜요, 어머니?"

"달빛이 좋구나. 달구경 가자."

어머니가 꿈을 꾸듯 말했다. 소쩍새가 소쩍소쩍 서럽게 울고 있었다. 그렇지 않아도 소쩍새 울음소리에 잠을 설치던 종국은 발딱 일어났다. 문을 열자 달콤한 아카시아 향기가 코를 쏘았다. 두 사람은 말없이 달빛 그득한 들판을 걸었다. 혹 풀숲에 웅크려 잠자는 달

팽이나 두꺼비 따위를 밟기라도 할까 봐 종국의 발걸음은 조심스러웠다. 동생들이 보릿대로 바람을 불어 개구리 배를 풍선처럼 만들며 놀 때도 눈살을 찌푸리며 호통을 치는 종국이었다. 종국은 풀 한 포기 개미 한 마리도 함부로 죽이지 않았다. 종국에게는 그것들의 비명 소리가 들리는 것 같았다. 짓궂기 짝이 없는 한창 때의 소년들 사이에서 종국은 언제나 이상한 아이일 수밖에 없었다.

"엄마, 엄마. 어디 가?"

어머니의 등에 업혀 있던 네 살배기 여동생 신화가 그제야 잠에서 깬 듯 어리둥절히 물었다.

"달구경 가지."

어머니가 중천에 돋은 보름달을 가리켰다. 보름달 곁으로는 짙은 은하수가 넘실넘실 하늘을 가로지르고 있었다. 총총히 박힌 별들이 은은하게 반짝거렸다. 숨을 쉴 때마다 달콤한 아카시아 향기가 몸속으로 흘러들었다. 몸이 하늘로 부웅 떠오를 듯 흥성이는 봄밤이었다.

어머니와 종국은 경사진 언덕 위에 앉았다. 보드라운 풀들이 푹신하게 엉덩이를 받쳐주었다.

"동해 물과 백두산이 마르고 닳도록 하느님이 보우하사 우리나라 만세……."

어머니가 또렷한 목소리로 노래를 부르기 시작했다. 가사는 낯설었지만 곡조는 종국도 들어본 적이 있는 스코틀랜드 민요 〈올드 랭

사인〉이었다.

"그게 무슨 노래예요, 어머니?"

"우리나라 〈애국가〉란다."

종국은 고개를 갸웃거렸다. "천황의 어진 다스림은 천 년 후에도, 8천 년 후에도 조약돌이 바위가 되어 이끼가 자라날 때까지 계속되기를……" 종국이 아는 〈애국가〉는 이렇게 불렀다. 학교에서 배운 것은 일본의 국가였다. 이제 중학생인 종국은 어머니가 부르는 노래가 사람들 앞에서 불러서는 안 되는 조선의 국가라는 것을 눈치챌 정도는 되었다. 종국은 한 소절 한 소절, 어머니의 노래를 따라 불렀다. 곡조가 쉬운지 어머니 등에 업힌 신화도 제법 흉내를 냈다. 사방에 꽃들이 흐드러진 봄밤, 모두가 잠든 들판으로 나직나직 노랫소리가 울려 퍼졌다. 국가라는 것은 그 나라의 정신이요, 혼이었다. 어머니는 흐뭇한 미소를 지은 채 종국의 애국가 부르는 모습을 오래도록 바라보았다.

종국은 어머니가 특별한 말은 없었지만 장남인 자신에게 진짜 자기 나라의 〈애국가〉를 가르치고 싶어 한다는 것을 느낄 수 있었다. 종국의 어머니 김태강은 사범학교를 졸업하고 보통학교 교사로 일한 적이 있는 신여성이었다. 김태강은 종국의 아버지 임문호와 마찬가지로 천도교 신자였다. 두 사람을 잘 아는 교인이 중매를 선 것이다. 아버지 임문호는 부드러운 성품이지만 어머니 김태강은 외향적이고 적극적인 성품이었다.

임문호가 김태강을 만나기 위해 평안북도 벽동을 방문했을 때의 일이다. 택시를 탔더니 택시 기사가 어디로 가느냐고 물었다.

"초산에 갑니다."

"초산 누구 댁을 찾는데요?"

"초산에 사는 김태강 처녀를 만나러 갑니다."

"아, 김태강!"

택시 기사는 자기 친척이라도 만난 양 반가워 어쩔 줄을 모르며 김태강의 일화를 들려주었다. 어느 날, 독립군이 잠입했다는 소식을 들은 일본 경찰이 집집마다 수색을 했다. 김태강의 하숙집도 수색을 피할 수 없었다. 경찰들은 노크도 없이 여자 혼자 잠자는 방문을 왈칵 열어젖혔다. 그 순간 어둠 속에서 또랑또랑한 여자의 목소리가 들렸다.

"지금 뭐 하는 짓이오!"

낯선 자들의 침입에 잠에서 깨어난 김태강은 놀란 기색도 없이 일본 경찰에게 야무지게 따졌다.

"당신네 일본인은 항상 우리를 야만인이라고 하면서 당신들은 문명인이라서 밤중에 남의 처녀 방을 인기척도 없이 열어젖히는 것이오?"

얼마나 매섭게 몰아붙였는지 경찰이 싹싹 빌며 사과를 했다. 아이들도 일본 경찰이 온다면 울음을 뚝 그치던 시절이었다. 그 경찰은 김태강의 배짱에 혀를 내두르며 다음 날 서장에게 보고를 했다. 며칠 지나지 않아 이 일을 알게 된 초산 사람들은 오랜만에 속이 다 시원하다며 통쾌해했다.

"손님이 뭐 하는 사람인지는 모르지만 장가 한번 잘 가는 것인 줄 아시오."

초산의 택시 기사는 처음 보는 임문호에게 몇 번이나 축하를 했다. 야무진 김태강은 결혼 후에도 돈벌이가 신통치 않은 남편을 대신해 신설동에서 동대문약국을 운영하여 살림에 큰 보탬이 되었다.

하얀 아카시아꽃이 밤바람에 흩날렸다. 종국과 신화 둘이서만 애국가를 부르기를 몇 차례. 이윽고 봄밤의 노래는 끝이 났다. 봄밤은 점점 깊어갔다.

"어머니. 저 이 학교 안 다니면 안 돼요?"

종국은 정말이지 말에게 팔뚝만 한 주사를 놓는 일도, 거머리에 물려가며 모를 심는 일도 끔찍했다. 어머니가 봄바람처럼 부드럽게 종국의 머리를 쓰다듬으며 물었다.

"넌 뭘 하고 싶은데?"

그건 종국도 알지 못했다. 그냥 농업학교는 싫었다. 혼자 들판을 걷는 일이 즐겁고 책을 보는 일이 즐겁고 음악을 듣는 일이 즐거울 뿐이었다.

"뭘 하고 싶은지 잘 생각해 보렴. 그래도 학교는 다녀야 해."

어머니는 안쓰러운 눈길로 아들을 쳐다보았다. 식민지 조선에서 태어난 아들이 앞으로 어떤 삶을 살게 될까? 김태강은 종국을 임신했을 때 꿈에서 설중매를 보았다. 하얀 눈이 가득 쌓인 들판에 외롭게 흰 매화 한 송이가 피어 있었다. 그 아름다움에 넋을 잃고 있다가 깨어 보니 꿈이었다. 아름답긴 하지만 쓸쓸하고 안타까운 풍경이었다. 아들의 삶도 어쩐지 그럴 것 같아서 김태강은 마음이 편치 않았다. 이 아이는 예술가라도 되려는 것일까. 예술가의 삶이란 가난하고 고통스러운 법, 제발 이 아이가 그 길만은 비켜 갔으면, 하고 생각했다. 종국은 먼 하늘에 시선을 두고 있었다. 별 하나가 사선을 그으며 땅으로 떨어졌다.

식민지의 아들

 달빛이 문풍지 사이로 보얗게 스며들었다. 좀처럼 잠이 오지 않았다. 가슴에서 자꾸 뜨거운 불길이 치솟았다. 종국은 벌컥 문을 열어젖혔다. 보름달이 대낮처럼 밝았다. 찬 공기가 밀려들자 곁에서 자던 동생 종철과 종한이 이불을 머리끝까지 뒤집어썼다. 잠시 후 다섯 살 터울의 동생 종철이 이불을 들추고 슬그머니 종국을 곁눈질했다. 종국은 잔뜩 인상을 쓴 채 멀뚱멀뚱 달빛에 잠긴 마당을 바라보고 있었다. 오후에 있었던 일을 생각하는 게 아닐까? 종철은 자꾸 형에게 마음이 쓰였다.
 종국의 집에서는 백 마리가 넘는 닭을 키웠다. 간혹 그 닭을 잡아야 할 때가 있었다. 오늘도 아버지는 무심하게 종국에게 닭을 잡으라고 시켰다. 종국은 못 들은 척 딴청을 피웠다.
 "닭 잡으라고 하지 않더냐!"

아버지의 불호령이 떨어진 뒤에야 종국은 하는 수 없이 몸을 일으켰다. 종국은 땀을 뻘뻘 흘리며 닭을 뒤쫓았지만 번번이 허탕을 쳤다. 종철이 나서서 닭을 형 쪽으로 몰아주었다. 그러기를 얼마나 했을까. 한참 만에야 종국은 닭 한 마리를 붙잡았다. 문제는 그다음이었다. 종국은 닭의 목을 비틀 엄두조차 내지 못했다.

"아직도 못 잡았느냐!"

종철이 얼른 형의 손에서 닭을 빼앗았다. 시골 사는 사내아이들은 종종 짓궂은 장난을 쳤다. 개구리 항문에 보릿대를 끼워 배가 풍선처럼 부풀어 오를 때까지 숨을 불어 넣기도 하고 풍뎅이의 날개를 떼어 빙빙 맴돌게 하기도 했다. 종철이나 종한이 그런 장난을 칠 때면 종국은 인상을 찌푸린 채 슬그머니 자리를 피했다. 종국은 종철이 닭의 목을 비트는 모습조차 똑바로 보지 못했다. 그런 형이 수의축산과에 다니려면 얼마나 힘이 들까? 아버지 사업이 망하지 않았다면 형은 공부 잘하는 사람들만 간다는 경기중학교에 입학했을 터였다. 종철은 어린 마음에도 형이 안타까웠다.

달빛은 불 없이도 책을 읽을 수 있을 만큼 밝았다. 종국은 방바닥에 놓인 꼬깃꼬깃한 신문지를 집어 들었다. 아무 데나 펼치자 김동환이라는 시인의 시가 적혀 있었다. 〈권군 '취천명'(勸君就天命)〉이란 제목이었다.

(중략)

지금, 조국은 전쟁하는 때

살고 죽고를 더욱더 군국(君國)에 바칠 때일세

이인석 군은 우리에게 뵈어 주지 않았는가

그도 병(兵) 되어 생사를 나라에 바치지 않았던들

지금쯤은 충청도 두메의 이름 없는 농군이 되어

베옷에 조밥에 한평생 묻혀 지내었겠지

웬걸 지사, 군수가 그 무덤에 절하겠나

웬걸, 폐백과 훈장이 그 제상에 내렸겠나

종국은 시를 다 읽지도 않은 채 벽으로 휙 집어 던졌다. 시가 뭔지는 잘 몰랐지만 천황을 위해 목숨을 바쳐 전쟁터에 나가는 것이 '천명(天命)'이라는 것은 명백히 거짓말이었다. 며칠 전에 보았던 모습이 눈앞에 어른거렸다.

그날, 종국은 거리를 배회하다 서울역까지 걸어갔다. 서울역 광장은 여느 때처럼 떠나고 돌아오는 사람들로 북적거렸다. 어디선가 노랫소리가 들려왔다. 불러서는 안 되는 〈아리랑〉을 여러 명이 광장이 떠나갈 듯 불러젖히고 있었다.

종국은 무심코 노래가 들려오는 쪽을 바라보았다. 20여 명의 젊

은이들이 술에 취한 채 스크럼을 짜고 고래고래 〈아리랑〉을 부르며 강강술래를 하듯 빙빙 돌고 있었다. 즐거워서가 아니었다. 교복 차림의 청년들은 모두 가슴에 무운장구(武運長久)*라고 적힌 긴 천을 어깨에 걸치고 있었다. 누군가 전쟁터에 끌려 나가는 것이었다. 금지된 조선말로 고함을 지르듯 노래를 하고 있는데도 아무도 말리지 않았다. 서울역 광장에서는 거의 매일 보는 흔한 풍경이었다.

스크럼 밖에서 단발머리의 한 소녀가 물끄러미 한 남자를 주시하고 있었다. 아마 그 남자가 전쟁터로 끌려가는 모양이었다. 여동생인지 연인인지 소녀의 눈에 맺혔던 눈물이 또르르 뺨을 타고 흘러내렸다.

일행도 아닌데 종국은 그 남자가 플랫폼으로 사라질 때까지 눈을 떼지 못했다. 한참 후, 뿌 하는 기적 소리와 함께 기차가 멀어졌다. 저 기차는 총알이 빗발치는 전쟁터에서 멈출 것이다. 어쩌면 바로 내일 총에 맞아 죽는 사람도 있을지 모른다. 그들은 마지막 순간에 무슨 생각을 할까.…… 어머니. 자기라면 마지막 순간에 어머니를 부를 것 같았다.

종국은 알지도 못하는 시인에게 화가 치밀었다. 자신이라면 충청도 두메의 이름 없는 농군으로 사는 것이 전쟁터에 끌려 나가 죽는

---

* 군인들의 안녕을 빎.

것보다는 훨씬 나을 것 같았다. 사람이라면 누구라도 살고 싶을 것 아닌가. 그것도 남의 전쟁터에 가서 싸우다가 죽으라고 시를 쓰다니. 시인이라면 공부도 많이 한 사람일 터였다. 공부를 많이 한다고 해서 꼭 훌륭한 사람이 되는 것은 아닌 모양이었다. 그럼 훌륭하게 산다는 건 뭘까? 머릿속이 복잡했다.

얼마 전 한 친구가 종국에게 귓속말을 했다.
"중국에 가면 우리나라 임시정부가 있대. 그 사람들이 조선의 독립을 위해 싸우고 있대."
1919년 3·1 만세운동 뒤로 수많은 사람들이 조선의 독립을 주장했다. 그런 사람들은 모두 감옥으로 끌려가 모진 고문을 당했다. 일본 경찰의 고문은 지독했다. 몽둥이찜질은 기본이고 고춧가루 물을 코에 들이붓거나 손톱을 뽑거나 손톱 밑에 못을 박는 일도 서슴지 않았다. 고문을 상상하는 것만으로 종국은 몸서리를 쳤다. 하지만 그런 고문의 위협에도 불구하고 조선의 독립을 위해 투쟁하는 조선 사람들이 있다는 것이다.
"형."
종철이 낮은 목소리로 종국을 불렀다.
"낮에 온 손님 말이야."
오늘 낮에 닭을 잡은 것은 손님 때문이었다. 처음 보는 손님을 아버지는 대단한 사람이나 된 듯 깍듯이 대접했다.

"뭐 하는 사람일까?"

"그건 알아 뭐 하게?"

종철이 종국의 귀에 대고 은밀하게 속삭였다.

"아버지가 그 사람에게 돈을 줬어. 나도 조선 사람인데 당연히 힘을 보태야 하지 않겠느냐면서…… 내 생각에는 아무래도 아버지가……."

"시끄러워! 잠이나 자."

종국이 얼른 종철의 입을 막았다. 종철의 짐작대로 손님이 독립운동을 하는 사람이라면 누구에게도 이 사실이 알려져서는 안 되었다. 총명한 종철도 종국의 마음을 읽었는지 이내 입을 다물었다.

긴 겨울밤이 깊어갔다. 배에서 쪼르륵 소리가 들렸다. 저녁이라고 먹은 것은 감자 몇 알뿐이었다. 전쟁이 치열해지면서 배급조차 제대로 되지 않은 지 오래였다. 일본 정부는 쌀은 물론이고 놋그릇과 요강까지 모두 공출로 빼앗아 갔다. 조선 사람들은 누렇게 부황 든 얼굴로 송진이나 나물 따위를 찾아 산을 샅샅이 훑고 다녔다. 조선의 산은 이미 헐벗은 지 오래였다. 일본 정부가 나무까지 죄 베어 간 것이다. 아름드리 나무들이 잘리고 붉은 황토가 드러난 산처럼 조선 사람들의 삶도 황폐하기 짝이 없었다. 너무 고파 쓰라린 배를 움켜쥔 채 종국은 긴긴밤을 뜬눈으로 지새웠다.

해방이 뭐지?

1945년 여름은 유난히 뜨거웠다. 거리마다 사람들로 넘쳐났고 사람들은 다들 잔뜩 흥분해 있었다. 그 열기 때문에 여름이 더 뜨겁게 느껴진 것인지도 몰랐다. 기나긴 일본의 통치가 드디어 막을 내렸던 것이다.

"이제 우리나라는 어떻게 되는 걸까?"

"어떻게 되긴? 다시 우리나라 임금님이 다스려야지."

"무슨 소리! 이제 우리나라도 백성들이 직접 왕을 뽑아야지."

"그게 아니지. 왕을 뽑는 게 아니라 우리 인민들 스스로 이 나라의 주인이 되는 거야."

해방이 된 지 열흘 남짓. 사람들은 어딜 가나 삼삼오오 몰려서서 이런 대화를 나누었다. 일제 강점기 내내 입을 꾹 다물고 살던 사람들이 죄다 정치인이라도 된 것 같았다.

오랜만에 시내에 나온 종국은 터덜터덜 땡볕 속을 걸어 학교로 갔다. 태양이 어찌나 뜨겁게 타오르는지 정수리가 흐물흐물 녹아내리는 것 같았다.

"타당 탕!"

교문으로 들어서던 종국은 난데없는 총성에 깜짝 놀랐다. 얼른 플라타너스 나무 뒤로 몸을 숨기고 주변을 둘러보았다. 교정 여기저기 일본 군복을 입은 사람들이 보였다. 모두 총을 차고 있었는데 몇몇이 학교 연못에서 팔뚝만 한 잉어를 향해 총을 쏜 것이었다. 해방은 되었지만 아직 미군이 진주하기 전, 무장해제를 하지 않은 일본 군대는 여기저기 흩어져 숨어 있었다. 그중 한 부대가 종국의 학교 교정과 강당에서 머무르고 있는 중이었던 것이다.

"탕!"

또 한 발의 총성이 울렸다. 연못 속의 잉어가 허옇게 배를 뒤집은 채 수면 위로 떠올랐다.

"야!"

한 일본군이 종국을 향해 소리쳤다. 종국이 쭈뼛거리며 다가갔다. 일본군은 사나운 눈으로 종국을 쏘아보며 물었다.

"우리는 전쟁에 졌다. 너는 어떻게 생각하나?"

"예! 조선이 독립하게 돼서 기쁩니다."

이제 겨우 열여섯, 민족의 독립이 무엇을 의미하는지 정확히 알

나이는 아니었다. 하지만 해방과 함께 근로동원도 없어지고 군사훈련도 없어졌으며 하루가 멀다 하고 서울역 앞에서 벌어지던 눈물의 환송식이 사라졌다. 그동안 수많은 청년들이 일본의 전쟁터로 끌려갔고, 열서넛의 어린 계집아이부터 유부녀에 이르기까지 수많은 여자들이 일본 군인들의 성적 노리개가 되러 간다는 사실도 모른 채 끌려갔으며, 그보다 더 많은 남자들이 일본의 군수업체나 탄광으로 끌려갔다. 해방이 되지 않았으면 몇 년 후에는 종국도 전쟁터로 끌려갔을 것이다. 해방이 되자 어린 종국조차 숨통이 트이는 것 같았다.

일본 군인이 죽일 듯 종국을 노려보았다. 눈동자가 이글이글 한여름 태양처럼 타오르는 것 같았다. 그 눈이 너무나 무서워서 종국이 얼른 덧붙였다. 종국은 겁이 많았다.

"그렇지만 당신네 일본이 전쟁에 진 것은 정말 안됐다고 생각합니다."

솔직히 말하자면 종국은 전쟁 자체가 싫었다. 왜 사람들은 같은 사람을 향해 총을 겨누는 것일까? 왜 서로 미워하고 싸우는 것일까? 어린 종국은 학교에서 전쟁 소식을 들을 때마다 그런 고민을 했었다. 어떤 때는 총에 맞아 팔다리가 떨어져 나간 끔찍한 광경이 머릿속에 엉겨 붙은 듯 떨어지지 않아 진저리를 치기도 했다.

종국의 대답에 일본 군인은 경멸하는 어조로 쏘아붙였다.

"20년 후에 다시 만나자!"

일본 군인이 자리를 떠난 후 종국은 안도의 한숨을 내쉬었다. 그가 남긴 마지막 말의 의미 따위는 생각조차 하지 않았다. 그저 한여름 땡볕에 근로동원을 나가지 않고 도서관에서 마음껏 책을 읽을 수 있다는 사실이 즐거울 뿐이었다.

열여섯의 종국은 그 여름 내내 도서관에 틀어박혀 책을 읽었다. 한 권의 책이 종국을 사로잡았다. 세계 최초로 민중 교육을 주창한 페스탈로치의 전기였다. 페스탈로치는 스위스의 유복한 집안에서 태어났으나 빈민들을 교육하는 데 평생을 바친 사람이었다.

나는 평생 가난한 농민들의 벗으로 살고자 했다. 그러니 내가 죽은 다음 내 묘를 장식하지 말라. 농민들의 묘와 같아야 한다.

종국은 페스탈로치의 마지막 유언에 깊은 감동을 받았다.
'바로 이거야! 우리나라에는 가난하고 교육받지 못한 사람들이 얼마나 많은가! 그런 사람들이 더 나은 삶을 살 수 있도록 돕겠어. 그게 나의 일이야.'

종국은 여름이 끝나자 경성농업학교를 중퇴했다. 그리고 그해 9월, 경성공립사범학교(현재의 서울대학교 사범대학) 본과에 입학했다. 학교는 용산에 있었다. 매일 종국은 창동에서 경원선을 타고 서빙고를 거쳐 용산으로 통학을 했다.

일본이 물러가고 해방이 되었지만 완전한 해방은 아니었다. 북쪽에는 소련군이 진주했으며 남쪽에는 미군이 진주했다. 신탁통치를 반대하는 시위가 연일 끊이지 않았고, 얼마 후에는 남한만의 단독정부를 수립할 것인가 말 것인가 하는 문제를 놓고 전국이 들썩거렸다. 남한이 이승만을 중심으로 단독정부 수립을 위한 선거를 치르겠다고 하자, 평생 독립운동에 헌신했던 김구가 민족 분단은 있을 수 없는 일이라며 북한을 방문했다.

정치를 잘 몰랐지만 종국은 김구에게 마음이 끌렸다. 해방되기까지 중국에서 활동한 대한민국 임시정부에서 일하던 김구는 임시정부 환영대회에서 이렇게 말했다.

"임시정부는 결코 어떤 일 계급. 어떤 일파의 정부가 아니라 전 민족 각 계급 각 당파의 공동한 이해에 입각한 민족 단결의 정부였습니다. 친일파 민족 반도(叛徒)*를 제외한 우리 동포는 단결해야 합니다. 오직 단결이 있은 후에야 우리 독립 주권을 창조할 수 있고, 이른바 38도선을 물리쳐 없앨 수 있고, 친일파 민족 반도를 숙청할 수 있습니다."

좌파가 노동자, 농민의 국가를 지향했다면 김구는 모든 계급의 공동 이해에 입각한 국가를 지향했다. 이승만이 친일파를 포함한 단

---

* 반란을 꾀하거나 그에 가담한 무리.

결을 지향했다면 김구는 친일파를 숙청하는 단결을 추구했다. 김구는 남한만의 단독선거 이후 이승만 정권이 들어선 후에도 일관되게 친일파 숙청을 주장했다. 미국에서 귀국하여 국내에 정치적 기반이 없던 이승만은 친일파를 등에 업을 수밖에 없었고, 그런 이승만으로서는 국민들의 지지를 받고 있는 김구가 눈엣가시일 수밖에 없었다. 결국 김구는 1949년 6월 26일 이승만의 지시를 받은 안두희에게 암살당하고 말았다.

종국의 아버지는 해방 이후 정치에 휩쓸려 얼굴 보기가 힘들었다. 그 무렵 천도교는 구파와 신파로 나뉘었는데, 구파는 이승만과 제휴했고, 신파는 단독정부 수립 반대와 남북 통일정부 수립을 주장했다. 종국의 아버지는 신파인 천도교청우당 소속이었다.

시끄럽기로는 학교도 마찬가지였다. 학교에서도 연일 정치 토론이 이어졌고, 생각이 다른 학생들 사이에서는 폭력 다툼마저 벌어졌다. 종국은 경성사범학교에도 흥미를 잃었다.

무엇이 될까? 무엇을 할까? 열여섯의 종국은 정치에는 별로 관심이 없었다. 페스탈로치처럼 교육받지 못한 사람에게 도움을 주는 삶을 살고 싶었다. 그러려면 먼저 배워야 했다. 하지만 경성사범학교는 공부할 분위기가 아니었다. 온 세상이 정치라는 황토물에 휩쓸려 가는 것 같았다. 학교를 때려치운 종국은 정처 없이 집 부근의 들판을 배회했다. 젊은 열기는 가슴속에서 들끓는데 열기를 쏟아부을 곳이 없었다. 늦여름이라 들판은 온통 짙은 초록빛이었다. 초록빛 들판 위로 갑자기 소나기가 퍼붓기 시작했다. 답답한 마음에 종국은 빗속의 들판을 들개처럼 뛰어다녔다.

2장 _ 푸른 청춘의 하릴없는 방황

첼로 연주자가 되고 싶은 소년

종국은 마루에 벌렁 드러누워 먼 산을 보았다. 도봉산 야트막한 자락에는 벌써 봄의 기운이 서려 갈색 나무 기둥 사이로 연둣빛이 내비쳤다. 커다란 나무들 사이로는 자그마한 진달래가 분홍빛 꽃망울을 머금었다. 갈색이 주조를 이룬 겨울산에서 가장 먼저 봄을 알리는 작은 꽃망울이 애처로웠다.

입춘이 지난 봄빛은 따스했지만 아직 마룻장은 차디찼다. 종국은 왠지 눈물이 날 것만 같았다. 영원할 것 같던 기나긴 겨울이 가고 있었다. 만물이 소생하는 봄. 그러나 열여섯 종국의 마음은 아직도 어둡고 긴 터널 속에 갇혀 있었다. 학교를 그만두고 하릴없는 신세가 된 지 벌써 1년째, 저 들판에 온갖 꽃이 앞다투어 피어나도 종국에게는 영원히 봄이 오지 않을 것만 같았다.

사위는 고즈넉했다. 남동생이 둘, 여동생이 셋, 평소라면 떠들썩

했겠지만 다들 학교에 가고 없었다. 벌떡 일어난 종국은 첼로를 집어 들었다. 종국이 좋아하는 슈만의 〈트로이메라이〉였다. 종국은 자신의 답답한 신세를 까맣게 잊은 채 연주에 빠져들었다. 트로이메라이는 독일어로 '꿈'이라는 뜻인데, 반복되는 선율을 연주하다 보면 꿈인 듯 나른하고 몽롱했다.

종국이 첼로에 빠져든 것은 지난해부터였다. 학교를 그만둔 종국은 어머니에게 첼로를 사달라고 졸랐다. 장남 종국의 말이라면 팥으로 메주를 쑨다고 해도 믿는 어머니지만 그만한 돈이 없었다. 아버지는 천도교청우당의 고위 간부였다. 정당 활동이란 게 돈을 버는 일이 아니라 쓰는 일이었다. 서울서 주로 모임이 있다 보니 아버지는 집에 들어오지 않는 날이 더 많았다. 집안 살림은 모두 어머니가 떠맡았다. 가끔 들어오는 아버지의 용돈을 주는 것도 어머니의 몫이었다. 게다가 어린 동생들 모두 학교에 다니고, 살림이 넉넉할 리 없었다.

"애야. 첼로는 나중에 사주마."

장남이지만 집안일에 캄캄했던 종국은 그런 어머니가 야속하기만 했다. 애당초 종국에게 음악을 처음 알려준 게 어머니였다. 어머니는 늘 오르간을 연주하며 아이들에게 노래를 들려주었다. 유성기로 음악 듣는 법을 알려준 것도 어머니였다. 어머니는 매일 아침 유성기를 틀었다. 종국은 어머니 덕분에 눈을 뜨는 순간부터 음악과 함께 생활할 수 있었던 것이다. 어머니는 깊은 한숨을 내쉬었다. 종국은 무엇이든 원하는 것은 이루고야 마는 성격이었다.

며칠 뒤 종국은 기어코 첼로를 손에 넣었다. 사흘이나 굶었던 종국은 첼로를 받은 후에야 허겁지겁 부엌으로 달려가 식은 밥을 미친 듯 퍼먹기 시작했다.

지난 1년 동안 종국은 매일 첼로를 켰다. 선생님도 따로 없었다. 이렇게 저렇게 해보며 혼자 연주를 터득했다. 그러나 종국의 연주 실력은 유명한 선생님에게 배운 사람 못지않았다. 온 마음과 정성을 연주에 쏟아부은 까닭이었다. 종국은 조국의 미래도 자신의 미래도 다 잊고 연주에 몰두했다. 마침내 연주가 끝나고 활을 내려놓는 종국의 얼굴은 비에 씻긴 산처럼 맑고 평화로웠다.

"어머니! 저, 음악학교에 가겠어요!"

첼로를 내려놓은 종국이 막 사립문으로 들어서는 어머니를 향해 들뜬 목소리로 외쳤다. 어머니는 아들이 고시에 합격해서 군수가 되기를 바랐다. 그러나 종국은 끝내 어머니의 만류를 뿌리치고 서울음악전문학원 첼로과에 입학했다. 음악학원은 서울의 원서동 로터리에 있었다.

도봉리 집에서는 매일같이 첼로 소리가 울려 퍼졌다. 네 시간이고 다섯 시간이고 종국은 미친 듯 연주에 매달렸다. 좋은 음악이 있으면 직접 악보로 옮겨보기도 했다. 어머니는 종국이 연주만 하면

화를 냈다. 집안을 일으켜야 할 장남이 음악에나 빠져 있는 게 못마땅했던 것이다.

가을걷이가 한창일 무렵이었다. 어머니는 일꾼들을 데리고 일을 하느라 정신이 없는데 종국은 도울 생각도 없이 온종일 첼로연주에 빠져 있었다. 어머니는 해가 뉘엿뉘엿 저문 후에야 걸을 힘도 없어서 지친 다리를 질질 끌며 집으로 돌아왔다. 종국은 어두컴컴한 마루에 나앉아 그때까지도 첼로를 켜고 있었다.

"종국이 너, 그럴 바에는 큰댁에 양자로나 가거라!"

후사가 없었던 큰집에 종국을 보내기로 이미 집안 어른들 사이에서 말이 오갔는데, 어머니가 화난 김에 한마디 내뱉은 것이었다. 끼익, 종국이 첼로 켜던 활을 멈췄다. 다음 날, 종국은 집에 돌아오지 않았다. 음악학교를 때려치우고 어머니 말대로 경상남도 창녕에 있는 큰집으로 가버린 것이다.

육십령 고개의 시체

　종국이 창녕의 큰집으로 내려온 것은 1947년도 말이었다. 어머니와 싸우고 홧김에 내려온 것이지만 남달리 예민한 성격에 큰집 아들 노릇을 한다는 게 쉽지는 않았다. 종국은 고민 끝에 1949년 7월 경상남도 경찰국 경찰학교에 입학했다. 학교래 봐야 겨우 한 달짜리 코스였다. 한 달 후 종국은 경상남도 합천 경찰서의 경찰이 되었다. 집도 싫고 큰집도 싫어 종국은 경찰로 도망을 친 것이었다.
　1950년 6월 25일, 북한군이 38도선을 넘어 밀고 내려왔다. 38도선이 정해진 것은 1945년 8월이었다. 일본이 제2차 세계대전에 패하자 미국과 소련이 한반도의 북위 38도선을 기준으로 북쪽은 소련군이, 남쪽은 미군이 들어와 일본군의 무장해제를 담당하기로 한 것이다. 그러던 것이 남쪽과 북쪽에 각각 정권이 들어서면서 분단의 경계선이 돼버리고 말았다. 그런데 1950년 6월 25일이 되자 북한 인민군이 그 38도선을 넘어 남쪽으로 밀고 내려왔다. 일제 강점기에서 벗어난 지 5년 만에 동족끼리 총을 겨누게 된 것이다.

전쟁이 터지자 종국은 도봉리에 있는 가족이 걱정이었다. 불과 3일 만에 서울이 함락당했다는데 어디로 피신이나 했을까? 게다가 아버지는 좌익과는 거리가 먼, 오히려 우익에 가까운 정당의 지도자였다. 무슨 일이라도 생긴 게 아닌지 불안해서 도저히 견딜 수가 없었다. 그래서 종국은 남들은 다 남쪽으로 피난을 내려오는 마당에 북쪽으로 올라가기 시작했다. 그러나 종국은 근무하던 합천에서 멀지 않은 함양의 안의에서 그만 인민군에게 붙잡히고 말았다. 남덕유산과 북덕유산을 가르는 육십령 고개였다. 인민군이 벌써 여기까지 진격했을 것이라고는 종국은 상상도 하지 못했었다.

종국은 올라가던 육십령 고개를 인민군의 짐을 진 채 다시 내려갔다. 얼마나 걸었는지 발바닥이 부르텄을 즈음, 부옇게 동이 텄다. 여명 사이로 논두렁에 엎어져 있는 한 사람이 보였다. 살았나 죽었나 싶어 종국은 그 남자를 유심히 바라보았다. 순간 머리카락이 빳빳하게 곤두섰다. 7월의 푸른 벼 포기 사이로 논물이 벌겋게 물들어 있었던 것이다. 난생처음 보는 시체였다. 부들부들 떨면서 종국은 한 발 한 발 내디뎠다. 몇 걸음 못 가 또 하나의 시체가 널브러져 있었다. 지난밤 육십령 고개에서 저항하던 국군의 시체였다. 인민군이 지프로 추격하면서 기관총으로 난사를 해댄 바람에 신작로를 따라

패주하던 엄청난 숫자의 국군들이 전사한 것이다.

시체들은 볏단이나 되는 듯 여기저기 널려 있었다. 종국은 저도 모르게 그 숫자를 헤아렸다. …… 열셋, 열넷, 숫자가 하나씩 늘어날 때마다 종국의 가슴속에서 뜨거운 불길이 치솟았다. 한여름의 태양이 불쑥 떠올랐다. 눈부시게 맑은 햇살은 푸른 벼 포기 위로, 널브러진 시신 위로 골고루 마음껏 쏟아부었다. 시신들은 이내 부패하기 시작했다. 시신들마다 파리 떼가 웅웅거리며 달라붙었다. 나라가 어떻게 이 모양이 된단 말인가. 종국은 정치 같은 건 알지 못했다. 관심조차 없었다. 어른들은 물론이고 학생들까지 좌우로 나뉘어 싸우는 상황이 싫기만 했다. 그냥 아름다운 음악이나 듣고 시나 읽으면서 평화롭게 살 수는 없는 걸까. 종국이 경성사범학교를 몇 달 만에 그만둔 것도 입만 열면 떠들어대는 그 이데올로기 때문이었다.

길가에 내널린 시체를 보면서 종국은 처음으로 정치에 관심을 갖기 시작했다. 일이 이 지경까지 된 데는 뭔가 이유가 있을 것이다. 누군가 잘못을 했을 것이다. 이승만 대통령은 점심을 평양, 저녁을 신의주에서 먹겠다고 큰소리를 뻥뻥 쳤었다. 그러나 전쟁 발발 3일 만에 서울을 빼앗기고, 그 사실조차 국민들에게 알리지 않은 채 한강 다리를 폭파하는 바람에 수많은 피난민들이 목숨을 잃었다. 인민군은 한 달 만에 파죽지세로 남쪽까지 밀고 내려왔다. 남한의 정치인들은 대체 무엇을 하고 있었단 말인가.

한 시신이 길 쪽을 바라본 채 죽어 있었다. 청량한 아침 햇살이 보송보송한 솜털을 비추었다. 종국의 나이쯤이나 되었을까? 청년의 얼굴에는 죽는 순간의 공포가 고스란히 드러나 있었다. 종국의 눈에서 굵은 눈물이 흘렀다. 대체 누구의 잘못인가? 청년에게는 부모가 있고 형제가 있고 아직 피우지 못한 꿈도 있을 것이다. 누구에게인지 알 수 없는 화 때문에 종국의 가슴이 까맣게 타들어 갔다.

인민군 행렬이 안의에 도착했다. 종국은 땀과 눈물로 몰골이 엉망이었다. 인민군들은 푸른 잎사귀가 무성하게 돋은 무밭으로 종국을 데려갔다.

"여기에 구덩이를 파라."

7월의 땡볕 아래 종국은 묵묵히 여덟 개의 구덩이를 팠다. 잠시 후 인민군들은 인민군 시체 여덟 구를 가져왔다. 죽은 것은 국군만이 아닌 것이다. 좌우 할 것 없이 같은 동족이 죽어가고 있었다. 종국은 참담한 심정으로 인민군 여덟 명을 무밭에 묻었다. 시신 중 하나는 종국보다 훨씬 어려 보였다. 북쪽이 고향인 이 청년들은 낯선 땅에 묻혔다. 가족들조차 이들의 무덤을 알지 못할 것이다. 인민군이든 국군이든 종국은 모든 죽음이 안타깝고 서러웠다.

인민군들은 종국을 순순히 보내주었다. 낙동강까지 걷는 동안 태양이 머리를 녹여버릴 기세로 이글이글 타올랐다. 저만치 낙동강이 굼실굼실 흘러가고 있었다. 머릿속이 하얗게 비어 아무 생각도 떠오르지 않았다. 낙동강을 건넌 종국은 걷고 또 걸었다. 고향인 창녕으로 향하는 길이었다. 가족들이 한강 다리를 건넜는지 못 건넜는지 알 수는 없었지만 만에 하나 피난을 한다면 고향으로 내려올 터였다. 당신의 뜻대로 농업학교를 보냈던 아버지도, 기어이 음악을 만류했던 어머니도, 이 순간만큼은 간절하게 그리웠다.

가도 가도 붉은 황톳길, 발바닥에는 물집이 잡히고 땀에 젖은 옷이 척척 몸에 감겼다. 그러나 종국은 더위도 느끼지 못했다. 정수리 위에서 작열하는 태양보다 더 뜨거운 분노로 가슴이 이글거렸던 것이다.

"그냥 두지 않겠어. 나라를 이 꼴로 만든 놈들을 절대 그냥 놔두지 않겠어."

그러나 나라를 이 꼴로 만든 정치인들은 재빨리 피난을 해서 안전지대에 숨어 있었다. 전쟁으로 고통받고 목숨을 잃는 것은 아무 죄 없는 백성이었다. 종국은 죽을 때까지 육십령 고개에서 본 죄 없는 시신들을 잊지 못했다. 그날의 분노는 감수성이 남달리 예민해서 연주자가 되고 싶었던 종국의 삶을 완전히 바꿔놓았다.

며칠 후, 종국이 해골처럼 비쩍 마른 몸으로 큰집 대문을 들어섰다.

"아이고, 이게 누구냐!"

큰어머니가 놀라서 엉덩방아를 찧었다. 고향에서는 다들 종국이 죽은 줄로만 알고 있었던 것이다.

"고생했다. 참말 고생했어."

큰어머니는 살아 돌아온 종국을 위해 닭을 잡았다. 푹 곤 닭을 맛있게 먹은 종국은 그날부터 병이 났다. 한 달 후에야 종국은 병을 털고 일어났다. 종국은 1952년 4월, 경찰을 그만두었다.

우울한 청춘

　경찰을 그만둔 지 열흘 뒤, 종국은 고려대학교 정치학과에 입학했다. 아직도 전쟁 중이라 고려대학교는 대구로 피난을 와 있었다. 정치학과에 입학한 것은 어머니의 뜻을 따른 게 아니었다. 전쟁을 겪으면서 종국은 정치에 환멸을 느꼈다. 종국이 생각건대 정치는 백성을 죽음에 빠뜨려서는 안 되는 것이었다. 정치는 백성을 살려야 했다. 잘못된 세상을 바로잡기 위해 종국은 연주자의 길을 포기하고 정치학과에 입학을 한 것이었다.
　대구에서 종국은 친구와 함께 논 한가운데 움막을 지었다. 남의 논 가운데 네 기둥을 박고 주민들이 참새 쫓으려고 허수아비용으로 사용하던 가마니를 걷어다 사방에 둘러 벽을 만들었다. 위에는 역시 주워 온 양철판을 얹어 지붕을 삼았다. 장판이나 벽지 따위가 있을 리 만무했다. 바닥에 깔린 가마니 한 장이 장판이었다. 벽이자 천장이자 이불인 가마니가 종국과 친구의 구세주였다. 자다가 바닥의 습기가 차오르면 종국은 가마니 한 장을 더 깔고 잠을 청했다. 그러다 또 습기가 차면 한 장 더 까는 것이다. 하룻밤에도 몇 번이나 깨서 가마니를 깔아야 했다. 볕이 좋은 날이면 종국은 밤새 습기 찬 가마니를 햇볕에 말렸다.

끼니도 제대로 때우지 못했지만 그래도 종국은 그때가 그리웠다. 그 시절, 종국은 매일 손이 부르트게 악기를 연주하던 열정으로 공부에 매달렸다. 오후 5시에 학교가 파하면 곧바로 움막집으로 돌아와 밤늦게까지 책을 보았다. 아무것도 없는 집이어도 전기는 들어왔다. 인근의 전신주에서 불법으로 전기를 끌어왔던 것이다. 종국과 친구는 공짜 전깃불 아래서 밤을 새며 공부했다. 그 반년 동안 종국은 형법 책 등 일곱 권을 통째로 달달 외어버렸다. 종국은 고시를 봐서 판검사가 될 생각이었다. 판검사가 되어 잘잘못을 가리고 싶었던 것이다.

1953년이 되었다. 휴전 협정으로 전쟁이 멈추자 종국의 가족은 서울로 돌아왔다. 그러나 멀쩡한 집을 놔두고 종국의 가족은 뿔뿔이 흩어져 지내게 되었다. 피난에서 돌아와 보니 군인들이 집을 징발해 버렸던 것이다. 전쟁을 하는 군인들에게 내 집 내놓으라고 할 수도 없는 노릇이었다. 남동생 둘은 남의 집에서 먹고 자는 가정교사로 들어가고, 종국은 아버지가 아는 사람이 하는 고아원으로 들어갔으

며, 아버지는 서울의 천도교 수운회관에서 강의를 했다. 집을 빼앗은 군인들이 오두막집을 하나 지어줘서 어머니와 여동생들이 겨우 비나 피하고 살았다.

절 한 칸에 세 든 고아원. 종국은 고아도 아니면서 그 고아원에서 곁방살이를 하는 처지였다. 종국이 조용히 고아원 문을 열었다. 머리를 박박 깎은 아이들이 악다구니를 쓰며 떠들어대고 있었다. 멍하니 그 모습을 바라보던 종국이 다시 문을 쾅 닫고는 숲 속으로 들어갔다. 차라리 대구의 움막집이 그리웠다.

서울로 돌아온 이후, 종국은 공부를 제대로 할 수가 없었다. 대구에서 먹지도 못한 채 공부만 한 탓에 위장병에 걸린 데다 방 한 칸짜리 고아원에서는 도무지 공부가 되지 않았다. 그래서 종국은 가급적 늦게 고아원으로 돌아왔다. 아무도 없는 텅 빈 강의실에서 책을 펼쳐 놓으면 글자들이 꾸물꾸물 움직이는 것 같았다. 점점 힘이 빠졌다.

종국은 오랜만에 동생 종철이 가정교사로 일하는 집을 찾아갔다. 서울대학교 상과대학에 다니는 종철은 재무장관을 지낸 사람의 집에서 가정교사를 하고 있었다. 종국은 무심히 동생의 책장을 죽 둘러보았다.

"어? 원서들이 다 어디 갔어?"

동생에게는 영어로 된 원서들이 많았다. 그중 한 권을 빌려볼까 하고 찾아온 것인데 그 많던 원서들이 절반 이상 줄어든 상태였다.

"어…… 볼 필요가 없어서……."

동생이 우물쭈물 말을 사렸다.

"그래서? 책을 다 어쨌는데?"

책에 관해서라면 동생도 종국만큼이나 욕심이 많았다. 뭔가 수상쩍었다. 종국을 똑바로 보지 못하는 것도 이상했다.

"어. 그냥 헌책방에……."

"네가 원서를 다 팔았다구!"

말해 놓고 보니 짚이는 데가 있었다. 얼마 전 어머니가 빌렸다며 종국에게 등록금을 주었다. 종철의 원서를 팔아 마련한 게 분명했다.

바로 다음 날 종국은 휴학을 했다. 엎친 데 덮친 격으로 고아원에서도 쫓겨났다. 고아도 아닌 사람이 고아원에 와 있으면 진짜 고아들은 어디로 가란 말이냐고 불평을 하는 사람들이 있었던 것이다.

학교를 그만두고 무위도식하던 열여섯 살 때처럼 종국은 오갈 데가 없었다. 위장은 망가지고 학교는 휴학했다. 묵을 곳도 없었다. 물론 돈도 없었다.

'오늘은 어디 가서 하룻밤 묵을까?'

매일 눈을 뜨면 종국은 그날의 먹을 것과 잘 자리를 고민해야 했다. 밥과 잠자리 걱정이 판검사라는 종국의 새로운 희망을 물거품으로 만들고 있었다.

3장 _ 과거에서 찾은 길

박제가 되어버린 천재

교정의 잔디는 아직 푸르렀지만 은행나무 잎사귀는 노랗게 물들었다. 서늘한 바람이 불자 은행잎들이 꽃처럼 흩날렸다. 토요일 오후의 캠퍼스는 한산했다. 한적한 캠퍼스 위로 햇살이 시들어갔다.

도서관도 한적하기는 마찬가지였다. 사서가 자꾸만 시계를 기웃거렸다. 시계는 이미 1시를 한참 지나 있었다. 사서가 마침내 몸을 일으켜 서가로 향했다. 정확하게 말하면 사서가 아니라 학교에서 운영하는 농장의 직원이었다. 전쟁 직후의 혼란기라 도서관에서 일하는 사서 하나 없이 농장 직원이 일을 하고 있었다.

"이봐, 학생! 학생!"

사서가 몇 번이나 불렀지만 학생은 자료 더미를 뒤지느라 정신이 없었다. 학생 부근으로는 몇십 년 묵은 책들이 위태롭게 높이 쌓여 있었다.

"임종국!"

사서가 버럭 소리를 지르자 그제야 학생이 깜짝 놀라 고개를 들었다. 학생의 머리에 먼지가 수북했다. 수십 년 동안 아무도 찾지 않은 책들에 켜켜이 쌓여 있던 먼지를 뒤집어쓴 것이다.

"나도 퇴근 좀 하자. 지금 2시가 다 되어가는데 알기나 해?"

"아, 벌써 그렇게 됐습니까? 이 줄만 마저 찾아보겠습니다. 조금만 기다려주세요."

종국이 가리키는 곳에는 종이가 누렇게 바랜 책들이 스무 권도 넘게 높이 쌓여 있었다. 사서의 대답을 기다리지도 않고 종국은 다시 책을 들여다보았다. 사서는 어처구니가 없는지 헛웃음을 짓고는 고개를 절레절레 저었다. 하기야 하루 이틀의 일도 아니었다. 지난 3년 동안 종국은 사서처럼 도서관에 출근하다시피 했다. 종국이 오는 날이면 사서는 퇴근이 늦어지는 걸 각오해야 했다. 어쩌다 종국이 오지 않는 날이 사서가 정각에 퇴근하는 날이었다.

때로는 종국이 2~3일씩 도서관에 나타나지 않는 날도 있었다. 그럴 때면 사서는 홀가분하면서도 어쩐지 궁금하기도 했다.

'혹시 어디가 아픈 건 아닐까?'

사서는 자꾸만 출입문을 바라보며 종국을 기다리게 되는 것이었다. 종국은 2~3일 후면 어김없이 활짝 웃는 얼굴로 나타났다. 그러면 사서는 종국 때문에 늘 퇴근이 늦었던 것도 까맣게 잊고 반갑게 맞았다.

"어디 아팠어?"

"아니요."

"그런데 종국 학생이 웬일로 도서관에 결근이야?"

그러면 종국은 싱글벙글 웃으며 대답했다.

"부산에 좀 다녀왔습니다."

"부산은 왜? 오라, 하도 도서관에 틀어박혀 있으려니까 좀이 쑤셨구나."

종국은 보란 듯이 가방에서 책을 꺼내며 말했다.

"이걸 구하러 다녀왔지요!"

종국이 자랑스럽게 내민 것들은 일제 강점기에 활동했던 시인이자 소설가 이상이 쓴 책이거나 때로는 그가 직접 쓴 편지였다. 그 편지 한 장을 구하기 위해 부산까지도 한걸음에 달려간 것이다.

종국이 이상을 만난 것은 운명과도 같았다. 학교를 휴학한 종국은 건강도 좋지 않고 특별히 할 일이 없었다. 앞으로 무얼 하고 살아야 할지도 막막했다. 이제 막 20대 중반을 넘어선 나이. 한창 나이에 할 일도 없이 무위도식한다는 것 자체가 참을 수 없이 답답했다. 음악을 하고 싶었지만 어머니 때문에 중단했고, 고시를 보려 했으나 건강과 돈이 허락하지 않았다. 이제 무엇을 해야 할까.

종국은 그날도 여느 때처럼 막막한 심정으로 책을 펼쳤다. 이상의 〈날개〉라는 단편소설이었다.

'박제가 되어 버린 천재'를 아시오? 나는 유쾌하오. 이런 때 연애까지가 유쾌하오.
육신이 흐느적흐느적하도록 피로했을 때만 정신이 은화처럼 맑소. 니코틴이 내 횟배 앓는 뱃속으로 스미면 머릿속에 으레 백지가 준비되는 법이오. 그 위에다 나는 위트와 패러독스를 바둑 포석처럼 늘어놓소. 가증할 상식의 병이오.

박제가 되어버린 천재. 그건 바로 종국 자신을 가리키는 말이기도 했다. 종국은 어려서 누가 가르쳐주지 않았는데도 혼자 글을 깨우쳤다. 그런 종국을 두고 사람들은 천재라고 놀라워했다. 고시 공부를 할 때도 종국은 500페이지가 넘는 《민법총칙》이라는 책을 한 달도 되기 전에 송두리째 외워버렸다. 그렇게 뛰어난 머리를 가졌지만 종국은 할 일이 없었다. 말 그대로 박제가 되어버린 천재인 것이다. 일본 식민지 시대에 태어난 이상도 천재였다. 그러나 불운한 시대 탓에 마음껏 자신의 능력을 발휘할 수 없었다. 이상은 절망과 고독 속에서 온 열정을 다해 독특한 시와 소설을 써낸 것이다. 종국은 이상이 마치 자신의 분신처럼 느껴졌다. 그날 이후 종국은 전국의

도서관을 찾아다니며 이상에 관한 자료를 찾기 시작한 것이다. 이상이 문학에 대한 열정으로 식민지의 절망을 견뎌냈듯 종국은 이상에 대한 열정으로 젊은 날의 절망을 견뎌냈다.

낮에는 종일 도서관에서 자료를 찾고 집에 돌아오면 종국은 책상 앞에 앉아 글을 쓰기 시작했다. 종국을 방해할까 봐 큰 소리로 말도 못 하고 두런두런 귓속말을 나누던 식구들이 어느새 잠에 빠져든 것도 종국은 알지 못했다.

어슴푸레 동녘이 밝아왔다. 야트막한 산자락에는 쑥이며 냉이, 달래가 비죽 연둣빛 싹을 내밀었지만 아직 새벽 공기는 뼈가 에일 듯 차가웠다. 농사일이 시작되지 않은 계절이라 마을은 태초의 정적에 휩싸여 있었다. 어디선가 수탉이 홰를 치며 울었다. 그 소리에 막내 경화가 눈을 비비며 일어났다. 자박자박, 작은 발소리가 들렸다. 화장실을 갈 모양이었다. 서너 걸음이나 떼었을까? 저만치서 벽력같은 고함 소리가 들렸다.

"시끄러워!"

한숨도 자지 않고 밤새 원고를 쓰고 있던 종국이었다. 기차 화통처럼 우렁찬 고함에 놀란 경화가 털썩 주저앉더니 딸꾹질을 하기 시작했다.

"아이고, 저놈의 털팩이!"

어머니가 경화를 다독이며 종국을 향해 눈을 흘겼다. 털팩이란 종국이 늘 불만투성이로 투덜거린다 해서 붙은 별명이었다. 예민한 종국은 글을 쓸 때면 작은 소리만 나도 생각이 끊긴다며 짜증을 냈다. 덕분에 식구들은 언제나 뒤꿈치를 들고 살금살금 다녀야 했다. 어느 때는 그 작은 소리조차도 종국의 신경을 건드렸다. 자기 방이라도 있으면 좋으련만 군인들이 지어준 집은 넓은 방 한 칸뿐이었다.

"종국아! 밥 먹자!"

어머니가 몇 번이나 불렀지만 종국은 미친 듯 원고에 열중했다. 그날 오후, 종국이 펜을 집어 던진 채 기절하듯 잠에 빠져들었다. 3년에 걸친 작업이 마침내 끝난 것이다.

종국은 발품을 팔아 어렵게 찾아낸 이상의 글과 자료 들을 모아 3권으로 된 《이상전집》을 발간했다. 이상이 작고한 지 20년이 지났지만 그때까지 제대로 된 자료나 연구서 같은 것은 전무했다. 그 일을 종국이 시작한 것이다. 《이상전집》은 나오자마자 불티나듯 팔렸다. 3권이나 되는 전집의 초판이 몇 달 만에 모두 팔린 것은 유례없는 일이었다. 책만 팔린 게 아니라 이상을 연구하는 사람들도 부쩍 늘어났다. 학자도 아닌 학생 종국이 문학 연구의 기초를 다진 것이다. 그 무렵 출판계에서 전집을 유행처럼 만들기 시작한 것도 종국의 《이상전집》을 본뜬 것이었다. 25세의 대학생 임종국은 작가들이나 문학을 연구하는 학자들 사이에서 일약 유명 인사가 되었다.

시인의 시시한 시절

간혹 책 넘기는 소리가 들릴 뿐 안국동 로터리에 위치한 출판사는 고즈넉했다. 잡담을 하는 사람도 없었다. 이따금씩 창문 너머 큰길로 버스들이 요란한 소리를 내며 질주할 때마다 종국이 눈살을 찌푸렸다. 종국은 누리끼리하게 변색된 옛날 책을 넘기며 무언가를 쓰고 있었다.

동생 종철의 도움을 받기 싫어 대학교를 휴학한 종국은 다시는 학교로 돌아가지 않았다. 《이상전집》을 낸 덕분에 취직하기는 쉬웠다. 시인이자 고려대학교 교수인 조지훈 선생의 추천으로 신구문화사라는 유명한 출판사에 취직한 종국은 《시인전집》이라는 책을 준비하고 있었다. 하는 일은 《이상전집》을 낼 때와 비슷했다. 도서관을 돌아다니며 자료를 뒤져 한국 문학사에 남을 만한 시들을 모아 전집을 출판하는 것이다. 그러나 이상의 자료를 찾으러 다닐 때와는 달리 좀처럼 흥이 나지 않았다. 매일 어딘가로 출근을 하고 사람들과 부대끼며 살아야 한다는 것 자체가 종국에게는 견디기 어려웠다. 종국은 바람처럼 자유로운 사람이었다.

종국이 뭔가를 끼적이더니 종이를 마구 구겨서는 휴지통에 집어던졌다.

"임 형! 종이 좀 아껴 씁시다!"

지나가던 이종익 사장이 눈총을 주었다. 꼼꼼한 이종익의 말이 종국에게는 쓸데없는 잔소리로 느껴진 모양이었다. 종국이 아무 말도 없이 자리에서 벌떡 일어나더니 휭허케 나가 버렸다. 온다 간다 말도 없이 회사를 빠져나온 종국은 비원 쪽을 향해 걷기 시작했다. 거리에는 눈부신 봄빛이 내리쬐이고 흥성거리는 사람들이 물결처럼 흘러 다녔다. 비원을 지나친 종국은 창경궁 돌담을 따라 내쳐 걸었다. 코끝에 송송 땀이 돋았다.

꽃망울이 어느새 미소(微笑)처럼 벙으러지고.
내 가슴에는 비밀(秘密)한 계절의 발자국들이
머언 바다와 같은 꿈을
꾸고 있었다.

몇 년 전에 쓴 시의 한 구절이 뜬금없이 머릿속을 스쳐 갔다. 종국은 1957년 8월 《문학예술》이라는 잡지로 등단한 시인이었다. 이 잡지에 종국의 시를 추천한 사람은 역시 조지훈이었다.

종국의 마음속에서는 언제나 시어들이 춤을 추며 돌아다녔다. 어떤 말들은 번개처럼 반짝 떠올랐다가 이내 컴컴한 어둠 속으로 묻혀 버리곤 했다. 종국은 어부가 고기를 잡듯 마음속에 스쳐가는 말들을 붙잡아 아름다운 시를 탄생시키고 싶었다. 가장 아름다운 언어를 붙잡기 위해서는 언제나 날카롭게 신경을 곤두세우고 있어야 했다. 덕분에 종국이 시를 쓰기 시작한 후로 가족들은 살얼음판 위를 걷듯 조심스러웠다.

한번은 여동생 신화가 아침상을 차려놓고 오빠를 불렀다. 종국은 이불을 머리끝까지 뒤집어쓴 채 잠들어 있는 것 같았다.

"오빠. 오빠. 밥……."

오빠의 예민한 성격을 잘 아는 신화가 낮은 목소리로 조심스럽게 오빠를 부르는 순간 종국이 벌떡 몸을 일으켰다.

"책임져!"

"뭘 책임지라는 거야?"

자는 사람을 깨웠는데 책임지라니 신화로서는 도무지 영문을 알 길이 없었다.

"내 시! 네가 깨우는 바람에 시상이 도망쳐 버렸단 말이야!"

"자고 있었으면서……."

쓸데없이 트집 잡는 오빠가 야속해서 신화는 입을 삐죽거리며 중얼거렸다. 원고지만 대하면 예민해지는 종국 때문에 가족들은 '시는 그냥 써지는 것이 아니라 산고 끝에 잉태되는 것'이라고 생각했다.

종국에게 시는 "머언 바다와 같은 꿈"이었다. 고단하고 쓸쓸한 현실을 견디게 해주는. 종국은 누구에게도 고개 숙이지 않는, 돈이나 명예 따위에 연연해하지 않는, 세상의 모든 것으로부터 자유로운 자유인이고 싶었다. 그런 자유인이 사무실에 틀어박혀 종이 좀 아끼라는 눈총이나 받자니 속이 터질 만도 했다.

종국은 창경궁에서 종로 5가 방향으로 걸었다. 종국이 종로를 돌아 다시 안국동 로터리의 사무실로 들어온 것은 두어 시간이나 지난 후였다. 종국의 성격을 잘 아는 사장은 흘깃 눈길을 한 번 주었을 뿐 아무 말도 하지 않았다.

"아, 시시해!"

종국이 다시 일을 시작하려다 말고 책을 탁 덮으며 혼잣말처럼 중얼거렸다. 취직도 하고 돈도 벌지만 하루하루가 시시하기만 했다. 종일 사무실에 틀어박혀 원고를 읽고 정리하는 일이 종국에게는 시시하기 짝이 없었다. 이렇게 시시하게 한평생이 흘러가면 어떻게 하나, 두렵기조차 했다. 종국은 그길로 회사를 걸어 나왔다. 그리고 다음 날부터 출근하지 않았다.

종국은 아주 먼 훗날에야 자기에게 《시인전집》 출간을 맡긴 신

구문화사 사장 이종익의 깊은 뜻을 이해했다. 이종익은 아직 제대로 정리되지 않은 한국 문학사를 총정리해 보고 싶었고, 먼지 더미를 뒤져《이상전집》을 엮어낸 종국이야말로 그 일의 적임자라고 생각했던 것이다. 그러나 막 시인으로 데뷔한 종국은 이종익의 깊은 뜻을 알지 못했고, 그저 매일매일 출근하는 답답한 생활이 괴롭기만 했다. 이렇게 시시하게 한평생을 보낼 수 없다는 것이 회사를 때려치운 종국의 절박한 심정이었다.

참빗 장수

종로 광장 시장은 아침부터 사람들로 북적거렸다. 가게마다 길거리까지 상품들을 내놓아 행인들은 옆으로 걸어가야 할 지경이었다. 그 좁은 보도에는 직접 가을걷이한 곡식들 서너 가지를 내놓은 할머니부터 갖가지 물건을 파는 행상에 이르기까지 온갖 종류의 장사꾼들이 손님을 호객하고 있었다. 그 소란한 틈에서 노랫가락이 들려왔다.

"이 강산 낙화유수 흐르는 봄에……."

제법 구수하게 잘 부르는 노래였다. 그러나 노래 솜씨보다는 기타 반주가 일품이었다. 구경꾼들이 기타 치는 장사꾼 앞으로 모여들었다. 30대 초반 쯤으로 보이는 장사꾼 앞에는 참빗이 여남은 개 보자기 위에 널려 있었다. 구경꾼들이 꽤 모여들었는데도 참빗 장수는 참빗 팔 생각은 않고 기타 연주에 열중했다.

종로통을 거닐던 시인 신경림과 김관식은 노랫소리에 끌려 참빗 장수 쪽으로 다가왔다. 참빗 장수를 유심히 들여다보던 그들은 자신들의 눈을 의심했다. 순간적으로 신경림과 김관식의 의아한 시선이 허공에서 마주쳤다. 신경림이 고개를 저었다.

"에이, 아니겠지."

그러나 김관식은 참빗 장수를 유심히 들여다보았다. 그러고는 냅다 소리를 질렀다.

"어이, 임종국! 너 거기서 시방 뭐 하냐?"

마음 약한 신경림은 종국이 이런 모습을 들키고 무안해할까 봐 옆에서 걱정이 태산이었다. 그러나 종국은 아무렇지도 않은 듯 비식 웃으며 노래를 그쳤다.

"이것 좀 맡아주쇼!"

매일 그 자리에서 참빗을 파는 종국은 옆 자리에서 양말을 파는 장사꾼에게 턱 하니 기타를 넘겼다. 그러고는 참빗을 치울 생각도 않고 휘적휘적 신경림과 김관식 옆으로 걸어왔다.

"저기 가서 소주나 한잔 하세."

신경림과 김관식이 한사코 마다하는데도 종국은 기어이 두 사람을 근처 만두 가게로 끌고 갔다.

"어쩌다 참빗 장수가 됐어? 출판사는 어쩌고?"

김관식이 남의 사정 헤아리지 않고 거침없이 물었다.

"때려치웠어."

"아, 남들 다 들어가고 싶어 하는 출판사를 왜 때려치워?"

당시 출판사는 다른 직장에 비해 월급이 많은 편이었다. 그래서 요즘의 신문사만큼이나 경쟁이 치열했다.

"좋아봤자 눈칫밥 먹는 거지. 남의 눈치 안 보고 속 편하게 사는 길이 없을까 궁리 끝에 장사를 하기로 했지."

출판사를 제 발로 걸어 나온 종국은 여러 가지 장사에 손을 댔다. 맨 처음 시작한 것은 빨랫비누 장사였다. 종국은 보자기에 싼 빨랫비누 몇 장을 꺼내 놓고 팔다가 저만치서 아는 사람이 오면 물건을 길거리에 놔둔 채 슬그머니 자리를 피하고는 했다. 그러다 화장품 외판원을 했다. 그러나 모질지 못한 종국이 화장품 판 값을 제대로 받을 리 만무했다. 어떤 사람은 화장품을 실컷 쓰고는 후줄근한 점퍼 따위를 돈 대신 내밀었다. 종국의 단칸방에는 외상값 대신 받은 점퍼며 양은솥 같은 쓸데없는 물건들이 가득했다.

참빗 장사라고 별반 다르지 않았다. 근근이 입에 풀칠이나 하는 정도였다. 시인 명색에 길거리에서 참빗을 팔았지만 종국은 태평했다. 남의 눈치 보며 남의 돈 받는 것보다는 훨씬 마음이 편했던 것이다. 답답한 마음에 김관식이 쯧쯧 혀를 찼다. 그러나 종국은 아랑곳하지 않았다.

"그래, 신 형은 어떻게 지내?"

"취직자리를 찾고 있는데 쉽지가 않아."

전쟁이 끝난 지 10년도 지나지 않은 때라 변변한 일자리가 없던 시절이었다. 대학을 졸업한 사람이 요즘의 10분의 1도 되지 않았지만 그들이 취직할 일자리조차 마땅치 않았다.

"에이, 남 밑으로 들어갈 게 뭐 있어? 나랑 같이 동업이나 하자."

종국이 떼돈이나 버는 사람처럼 큰소리쳤다. 종일 참빗을 팔아봐야 입에 풀칠하기도 어려운 형편일 것임을, 김관식도 신경림도 잘 알았다. 그러나 그들 또한 시인인지라 차라리 가난하게 살지언정 남에게 굽실거리거나 싫은 소리 들으며 살고 싶지 않은 종국을 마음을 제 마음처럼 이해했다.

다시 역사 속으로

 1962년 2월, 종국의 어머니 김태강이 세상을 떠났다. 이제 겨우 예순이었다. 살아생전 어머니 속을 무던히도 썩였던 종국이기에 더욱 가슴이 아팠다. 어머니가 밉거나 싫어서는 아니었다. 그냥 제 인생이 답답해서 가장 가까운 어머니에게 짜증을 부린 것뿐이었다. 그런데 종국이 잘되는 것을 보기도 전에 어머니가 세상을 떠나버린 것이다.

 어머니가 세상에 존재하지 않는다는 것 자체가 종국에게는 충격이었다. 어머니는 언제나 종국의 편이었다. 설령 종국이 잘못했을 때라도 어머니는 종국을 탓하지 않았다. 털팩이라고 눈을 흘긴 적은 많지만 정작 여동생들이 종국에게 대들기라도 할라치면, "세상에서 제일 귀한 내 아들에게 왜 그러느냐!"며 무조건 동생들을 나무랐다. 가장인 종국의 아버지도, 장남인 종국도 돈을 버는 일에는 재주가 없었다. 그러니 식구들을 먹여 살리는 무거운 짐을 어머니가 떠맡았다. 어머니는 집안의 가장이자 일꾼이었다.

그런 어머니가 세상을 떠나자 종국의 아버지도 종국도 어깨가 축 늘어졌다. 그러던 차에 어느 날 처음으로 마음 쓸 일이 생겼다. 《서울신문》 문화부 차장으로부터 연락이 왔다. 종국은 잠시 참빗 장사를 접고 서울신문사로 향했다.

〈한국기인전〉을 써보면 어떻겠습니까? 일제 시대에는 기행(奇行)으로 유명한 분이 많았지요. 그런 분들의 기행은 사실상 일본에 대한 반항이기도 했어요. 학자든 문인이든 예술가든 누구라도 좋습니다. 한번 해보겠어요?"

묵묵히 술잔을 기울이고 있었지만 종국은 내심 귀가 솔깃했다. 일단 기획 의도가 재미있었던 것이다. 종국 역시 기행이라면 일가견이 있었다. 왜 보통 사람과 다른 특이한 행동을 하게 되는 것인지 궁금하기도 했고, 또 일제 강점기에 기행으로 항일운동을 했다는 생각 자체도 재미있었다.

"좋습니다. 해보겠습니다."

그날 밤, 오랜만에 아버지와 종국이 마주 앉았다.

"아버지. 일제 시대에는 기행으로 유명한 분이 많았지요? 그런 이야기 좀 들려주세요."

천도교 일을 하던 아버지는 여기저기 아는 사람도 많고 들은 이야기도 많았다. 곰곰 생각하던 아버지가 웃으며 말을 꺼냈다.

"변영로가 어느 날 광화문 네거리를 걷고 있는데 누군가 등 뒤에서 변정상 씨, 변정상 씨, 하고 자기 아버지 이름을 마구 부르더란다. 돌아다보니 월남 이상재 선생이 흰 수염을 날리면서 히죽 웃고 있더래. 그래 변영로가, 늙어 노망이 났느냐고, 어찌 아버지와 아들도 분간하지 못하느냐고 섭섭해했지. 그랬더니 이상재 선생이, 이런 천치 바보 같은 놈. 네가 변정상의 씨[種]가 아니면 누구 씨냐고 헐헐 웃더란다."

아버지의 말에 종국은 그만 웃음을 터뜨렸다. 종국은 평생 독립운동에 몸 바치고 나중에는 조선일보사 사장을 지낸 월남 이상재를 직접 본 적은 없었다. 종국이 태어나기도 전에 죽었기 때문이었다. 그러나 종국은 한 번도 본 적 없는 이상재의 마음을 알 것 같았다. 그는 아마 어른과 아이, 윗사람과 아랫사람을 지나치게 구분하는 세상의 권위에 도전하고 싶었던 것이리라.

"아버지, 또요. 또 없어요?"

서른 넘은 종국이 아이처럼 보챘다.

"어디 보자. 기인으로는 단재 신채호 선생도 만만치 않았지. 신채호 선생은 풍채가 작고 초라한 데다 옷차림도 변변치 않아서 모르는 사람은 《대한매일신보》 주필씩이나 될 거라고 상상조차 못 했지. 게다가 세수할 때는 고개를 빳빳이 든 채로 물을 찍어다 바르는 버릇 때문에 마룻바닥이며 저고리 소매와 바짓가랑이가 온통 물투성이가 됐다는 거야. 누가 핀잔을 줘도 그깟 게 대수냐고 웃고 말았단다."

그런 신채호는 독립운동을 하다 일본에 붙잡혔고, 여론이 악화될까 염려한 일본이 내보내려 해도 단호히 거부하고 감옥에서 순국했다. 세수나 옷차림 따위는 아무 상관 없지만 자신의 신념을 지키는 데는 누구보다 단호했던 것이다.

그날 밤이 늦도록 종국과 아버지는 오랜만에 김태강의 죽음을 잊은 채 이야기꽃을 피웠다. 부자가 이렇듯 마주 앉아 다정하게 이야기를 나눠본 기억이 까마득했다.

일제 강점기의 기인들을 파헤쳐 그들에 관한 일화를 파헤친 〈흘러간 성좌〉는 1년가량 이어졌다. 그리고 연재가 끝난 뒤 책으로도 나왔다. 나중에야 알게 됐지만 종국이 이 일을 하게 된 것은 스승인 조지훈 덕분이었다. 〈흘러간 성좌〉를 생각해 낸 것 또한 조지훈이었다.

어느 날, 《서울신문》 문화부 차장을 만난 조지훈은 이러이러한 이야기를 신문에 연재하면 어떻겠냐고 제안했다. 그러면서 종국을 추천했다. 조지훈은 얼마 전 종국이 동대문 시장에서 방한모를 쓰고 추위에 떨며 참빗 장사를 하더라는 말을 전해 들었다. 그 후로 조지훈은 어떻게 하면 종국을 도울 수 있을까 곰곰 생각했다. 조지훈은 종국이 누구보다 자존심이 강하다는 것도 알고 있었다. 돈을 준다고 받을 리 만무하고, 직장을 새로 구해줘 봤자 몇 달 못 견디고 뛰쳐나

올 게 뻔했다. 그리고 무엇보다 조지훈은 제자의 재능을 살려주고 싶었다. 종국은 천상 시인이자 성실하고 열정적인 학자였다. 다만 하고 싶지 않은 일을 하지 않는 고집불통이었다. 조지훈은 고민 고민 끝에 〈흘러간 성좌〉를 생각해 낸 것이다.

〈흘러간 성좌〉 덕분에 종국은 참빗 장수에서 다시 글을 쓰는 사람으로 돌아왔다. 이 일을 하는 동안에는 아버지와도 부쩍 사이가 좋아졌다. 밤이 되면 종국 부자는 마주 앉아 도란도란 일제 강점기 시절 이야기를 주고받았다. 그러다 보면 훌쩍 밤이 깊었다. 일제 강점기라는 것이 종국의 삶에 얼마나 중요한 의미가 있는지, 종국도 아버지도 그때까지는 알지 못했다.

4장 _ 민족의 내일을 위해

20년 전의 약속

종국은 일제 강점기의 기인들을 찾느라 틈만 나면 옛날 자료를 뒤적였다. 어느 날, 신문철을 뒤적이던 종국이 깊은 생각에 잠겼다. 종국의 시선은 1943년 11월 16일자 《매일신보》에 실린 〈반도학도 특별지원병 제군에게〉라는 한 편의 시에 멈춰 있었다.

    (중략)
    교복과 교모를 이냥 벗어버리고
    모든 낡은 보람 이냥 벗어버리고

    주어진 총칼을 손에 잡으라!
    적의 과녁 위에 육탄을 던져라!

벗아, 그리운 벗아,

성장(星章)의 군모 아래 새로 불을 켠

눈을 보자 눈을 보자 벗아……

오백 년 아닌 천 년 만에

새로 불을 켠 네 눈을 보자 벗아……

아무 뉘우침도 없이 스러짐 속에 스러져 가는

네 위엔 한 송이의 꽃이 피리라

흘린 네 피 위에 외우지는 소리 있어

우리 늘 항상 그 뒤를 따르리라.

태평양 전쟁이 막바지로 치닫던 시절, 우리나라 젊은이들에게 공부도 때려치우고 전쟁터로 나가라고 부추기는 이 시는 위대한 시인으로 추앙받는 미당 서정주의 시였다. 비단 서정주만이 아니었다. 언제 친일을 했냐는 듯 해방된 조국에서 떵떵거리고 사는 사람들 중에 친일파가 너무 많았다. 친일파란 일본에 도움이 되는 행위, 즉 일본 정부의 고위 관리로 조선 사람을 전쟁터로 내보내거나 식량을 공출하는 데 도움을 준 사람, 일본 경찰로 독립운동 한 사람들을 붙잡아다 고문한 사람, 일본 정부를 위해 비행기 등을 사주고 그 대가로 재산을 불린 사람, 독립운동한 사람을 일본 경찰에 밀고하고 대가를 받은 사람, 그 외에도 일본 정부에 협조하는 강연이나 글을 쓴 사람들을 말한다.

친일파라고 그 죄질이 똑같은 건 아니다. 직접적으로 조선 사람을 죽이거나 괴롭힌 친일파도 있지만 그중에는 어쩔 수 없이 살기 위해 협조한 사람도 있고, 일본 세상이니까 당연히 그렇게 살아야 하는 줄 알고 일본의 관리가 된 사람도 있다. 그리고 해방이 된 뒤의 행적도 모든 친일파가 똑같은 건 아니다.

해방 직후 친일파들을 처벌하기 위해 반민족행위특별조사위원회가 열린 적이 있었다. 당시 대부분의 사람들은 고위층에 줄을 대어 빠져나가기 급급했지만 시인 김동환은 자신의 친일 행위를 깊이 반성하며 스스로 자수했다. 또 3·1 만세운동 당시 민족대표 33인 중 한 사람으로 독립운동에 앞장섰다가 나중에 친일파로 변절한 최린은 법정에서 한 한마디로 많은 사람들의 눈물을 터뜨렸다.

"민족의 이름으로 이 최린을 광화문 네거리에서 처단해 주십시오."

홍익대학교 총장을 지낸 이항녕도 평생 자신의 친일 행위를 속죄하며 살았다. 일제 말기 27세의 젊은 나이로 하동 군수를 지냈던 이항녕은 자신의 출세에 눈이 어두워 일본의 군수 노릇을 하면서 공출량을 채우기 위해 군민들을 죽창으로 위협했다며 머리 숙여 사죄했

다. 스스로 참회한 친일파들을 우리 국민은 물론 너그러이 용서했다.

그러나 잘못을 솔직하게 인정하는 아름다운 사람은 많지 않았다. 대부분의 친일파들은 친일 행적을 숨긴 채 해방된 조국에서 떵떵거리며 살았다. 반성은커녕 친일 이야기가 나올까 벌벌 떨며 아예 그런 말을 꺼낼 수조차 없게 만들었다. 그 뻔뻔한 모습에 종국은 분통이 터졌다.

독일은 제2차 세계대전이 끝난 후 히틀러에 협조한 전범들을 처벌하기 위해 전범재판소를 만들었다. 수백만의 유대인을 학살하고 전쟁을 벌여 수많은 사람들을 죽게 한 전범들을 제대로 처벌해야만 독일이 과거를 뉘우치고 새롭게 출발할 수 있다고 믿었기 때문이다. 제2차 세계대전은 1945년에 끝났고, 전범들은 대부분 세상을 떠났지만 전범재판소는 아직도 전범들을 추적하고 있다.

독일과 달리 우리나라는 해방이 된 이후 우리 민족을 감옥으로 보내고 남의 전쟁터로 보낸 친일 경찰, 친일 관료, 친일 학자들이 그대로 자신의 신분을 유지하면서 승승장구했다. 1948년 설치된 반민족행위특별조사위원회는 친일 세력의 반발과 이승만 정부의 비협조로 1년도 못 되어 폐지되고 말았다. 자신들이 살아남기 위해, 자신을 비판하는 사람들을 공산당으로 몰아 감옥으로 보내는 일도 허다했다.

'해방된 조국은 지난날의 잘못을 말끔히 씻고 새롭게 출발하지 않으면 안 된다. 우리 민족을 사지로 몰아넣은 사람들이 또다시 나라를 좌지우지한다면 이 나라의 미래는 어찌 될 것인가?'

종국은 도서관을 나와 거리를 걷기 시작했다. 종국은 머릿속이 복잡하면 걷는 버릇이 있었다. 동숭동을 지나던 종국이 우뚝 멈춰 섰다. 학생들이 거리를 가득 메운 채 시위를 하고 있었다.

"굴욕적인 한일회담을 즉각 중지하라!"

한 학생의 선창에 따라 시위에 참가한 학생들이 목청 높여 구호를 외쳤다. 젊은이란 젊은이는 모두 시위에 참가했는지 시위 행렬은 끝도 없이 길었다. 종국의 마음도 시위 행렬에 속해 있었다. 그러나 대학별로 모인 시위였고, 종국은 학생이 아니었다. 이제 서른 중반을 넘어선 한 집안의 어엿한 가장이었다.

학생들의 시위는 정부가 추진하고 있는 한일회담 때문이었다. 한일회담 문제를 두고 학생들뿐만 아니라 정치권이나 국민들 사이에서도 우려의 목소리가 높았다. 해방된 지 고작 20년, 우리 국민들의 마음속에는 일제 강점하 36년의 악몽이 아직도 생생하게 남아 있었던 것이다.

5·16 쿠데타를 일으켜 집권한 박정희 정권은 국민들의 반대에도 불구하고 한일회담을 계속 진행했다. '경제개발 5개년 계획'을 추진하려던 박 정권에게는 막대한 자금이 필요했다. 그래서 한일협정을 맺고 일본의 원조를 받으려 한 것이다. 지지난해인 1962년에 이미

일본과 비밀리에 협상을 했던 사실이 바로 얼마 전에야 알려졌다. 야당과 학생들은 거리로 나설 수밖에 없었다.

시위대의 구호 소리가 점점 멀어졌다. 그러나 종국의 마음은 여전히 착잡했다. 해방된 지 20년이 지났다고 하지만 우리나라에는 아직까지 일제 식민지 시대의 어두운 그림자가 짙게 드리워져 있었다. 일본의 앞잡이가 되어 같은 민족을 짓밟고 제 배를 채운 자들이 아직도 높은 자리에서 떵떵거리고 있는 반면, 독립운동을 했던 사람이나 그 후손들은 그 공로도 인정받지 못한 채 가난하게 살고 있는 경우가 허다했다.

집에 돌아온 종국이 신문을 펼쳐 들었다. 비밀 협상의 핵심 주역이었던 김종필 전 중앙정보부장이 한 말이 대서특필되어 있었다.

"내가 제2의 이완용이 되더라도 한일회담을 반드시 성사시키겠다……."

뒤 내용을 다 읽기도 전에 종국의 얼굴이 붉으락푸르락 달아올랐다.

"이런 나쁜 놈!"

종국이 신문을 집어던졌다. 이완용은 우리나라를 일본에 넘긴 매국노였다. 정부의 대표라는 자가 그런 매국노의 이름을 운운하면서 일본과 손을 잡겠다고 호언장담을 하고 있는 것이다.

"나라 꼴이 어떻게 되려고……."

1965년 6월 22일, 결국 박정희 정권은 한일기본조약을 체결하고 말았다. 이 소식을 접한 종국의 머릿속에 이글거리는 눈빛 하나가 선명하게 떠올랐다. 학교 연못가에서 총으로 잉어를 잡던 일본 군인은 적개심이 가득한 눈으로 종국을 노려보며 이렇게 말했었다.

"20년 후에 다시 만나자."

그때가 1945년이었으니 꼭 20년 전이었다. 20년 후에 다시 보자던 일본 군인의 약속이 현실이 된 것이다. 등골로 서늘한 바람이 스쳐 갔다. 종국은 어둠이 내리는 것도 모르는 채 우두커니 앉아 있었다.

'민족을 사지로 몰아넣은 친일파들이 득세하고 있기 때문에 이런 일이 벌어진 것이다. 이 상태대로라면 그 군인의 말처럼 일본이 다시 우리나라를 짓밟을지도 모른다. 이 민족을 위해서 내가 할 일은 무엇인가?'

종국은 마침내 결정을 내렸다. 처음으로 자기 인생의 길을 찾은 것이다.

도서관의 터줏대감

고려대학교 도서관의 묵은 자료 더미 속을 두 명의 청년들이 열심히 뒤적이고 있었다. 한 청년은 그곳의 터줏대감 종국이었고, 또 한 청년은 서울대학교 대학원에서 문학 비평을 공부하는 학생, 김윤식이었다. 같은 자료를 뒤적이며 두 사람은 통성명을 하고 가까워졌다. 매일 엄청난 자료 더미 속에서 뭔가를 찾는 두 사람의 모습은 멀리서 보면 책을 먹고 살아가는 좀벌레처럼 보였다.

"저기……."

한 여학생이 종국의 등 뒤로 다가와 낮은 목소리로 말을 걸었다.

"이 책, 어디에 있죠?"

여학생은 여러 권의 책 이름이 적힌 종이를 종국에게 내밀었다. 김윤식은 옆에서 말소리가 들리는 것도 아랑곳없이 자료를 찾는 데 열중해 있었다. 종국이 씩 웃으며 성큼성큼 걷기 시작했다. 늘 도서관에 틀어박혀 있다 보니 종국과 김윤식을 도서관 사서로 생각하는 학생들이 책을 찾아달라거나 대출을 해달라는 일이 종종 있었다. 그러면 두 사람은 책을 찾아주곤 했다. 도서관의 무수한 책들이 어디 있는지 제 손바닥인 양 훤했던 것이다. 학생들은 종종 종국과 김윤식이 손수레에 책을 가득 밀고 다니는 모습을 볼 수 있었다. 두 사람은 문을 닫는 최후의 시간까지 도서관을 지키는, 도서관의 터줏대감이었다.

혼자 자료 더미를 뒤져야 하는 외로운 작업이긴 했지만 종국에게는 도와주는 사람도 있었다. 시인이자 국회도서관에 근무하는 권용태였다. 종국이 도와달라는 부탁을 했을 때 권용태는 내심 걱정스러웠다. 종국은 친일을 한 작가들을 조사하고 있었는데, 권용태와 가까운 사람들도 포함되어 있었기 때문이다.

"좋아. 언젠가 누군가는 해야 할 일이니 도와주지. 단, 객관적인 자료에 입각해서 써야 해."

"물론이지."

그때부터 권용태는 종국이 자기가 일하는 국회도서관뿐만 아니라 국립중앙도서관에서 자료를 찾는 데 큰 도움을 주었다. 종국은 작가들 중에서 친일 행위를 한 사람들에 대한 자료를 모으는 중이었다. 종국은 친일 행위자들이 워낙 많고 그 직업도 다양한 탓에 일단 그 대상을 문인으로 압축했다. 특별히 문인에 주목한 것은 종국 또한 시를 쓰는 문인이었기 때문이다. 또 문인들의 친일 행적에 관해서라면 《이상전집》을 준비하던 당시 어느 정도 알게 된 바가 있었다.

주변 사람들은 조마조마한 심정으로 종국의 작업을 지켜보았다. 친일을 했던 사람들이 정부 요직에 두루 널려 있었고, 문단 역시 내로라하는 사람들은 대부분 친일로부터 자유롭지 못했다. 친일을 했던 사람들이 권력을 잡은 후로, 친일파를 비판했던 사람들 중에는 공산당이라는 애꿎은 누명을 쓰고 고생한 사람들도 적지 않았다.

종국을 아끼는 스승 조지훈도 염려가 이만저만이 아니었다. 종국이 일제 강점기에 친일을 했던 작가들을 연구하겠다며 자신을 찾아왔을 때, 조지훈은 아무 말도 하지 않았다. 격려도 하지 않았고, 하지 말라고 만류하지도 않았다. 누군가 해야 할 일인 것은 분명했다. 그러나 하필 자신이 아끼는 제자가 그 일을 하다 고생하지 않을까 걱정스러웠다. 그래도 민족의 정기를 살리기 위해서는 누군가 반드시 해야 할 일이었다.

내가 빠지면 그 책은 죽은 책이다

누렇게 바래서 쥐면 부스러질 듯한 신문 더미를 뒤지던 종국의 얼굴이 갑자기 창백해졌다. 잠시 후 종국은 신문을 들고 자리에서 벌떡 일어나서는 달리기 시작했다.

"어이, 임 형! 왜 그래? 무슨 일이야?"

김윤식이 소리쳐 불렀지만 종국은 뒤도 돌아보지 않고 달릴 뿐이었다. 종국이 한달음에 달려간 곳은 집이었다.

"아버지! 아버지!"

종국이 숨이 턱에 찬 소리로 아버지를 부르며 방문을 왈칵 열어젖혔다. 무슨 영문인지 알 리 없는 아버지가 의아한 눈길로 종국을 바라보았다. 종국이 다짜고짜 신문을 내밀며 자리에 털썩 주저앉았다.

"여기, 아버지 이름이 있습니다."

아버지는 묵묵히 종국의 다음 말을 기다렸다. 아들이 일제 강점기에 친일한 작가들을 연구한다는 말을 처음 들었을 때부터 각오한 바였다. 신문을 보지 않아도 아버지는 종국을 놀라게 한 기사가 무엇인지 알 수 있었다. 자신이 조선의 청년들에게 일본과 '천황 폐하'를 위해 전쟁에 나가라고 강연했던 내용일 터였다. 종국의 아버지 임문호는 한때 독립운동에 앞장섰던 천도교가 친일로 돌아섰을 때 천도교의 방침에 따라 친일 행위를 했던 것이다.

"이제 어떻게 하면 좋습니까?"

종국은 눈앞이 캄캄했다. 자신의 아버지가 친일을 했다는 사실 자체가 무엇보다 충격이었다. 게다가 자기는 지금 친일 행위를 비판하는 책을 준비하고 있었다. 자식 된 도리라면 내 아버지가 친일파였다고 만천하에 밝힐 수는 없는 노릇이었다.

"이놈아. 어쩌긴 뭘 어째? 민족정기를 바로 세우기 위해 이 일을 시작한다고 하지 않았느냐. 남자가 칼을 뽑았으면 끝장을 봐야지."

뜻밖에 아버지가 담담한 어조로 말했다. 종국이 놀란 눈으로 아버지를 바라보았다.

"하지만 아버지…… 제가 어떻게 아버지를……."

"내가 빠지면 그 책은 죽은 책이다. 사실 그대로 써라. 그것이 네가 할 일이다. 나머지는 내 몫이다. 책임질 일을 했으면 책임을 져야지."

종국은 아무 말도 하지 못했다. 종국의 생각도 아버지와 똑같다. 친일을 해서 부귀영화를 누렸으면 마땅히 그 책임도 져야 한다는 생각으로 이 일을 시작했다. 그러나 자신의 아버지도 그런 사람 중의 하나라고는 꿈에도 생각지 못했다. 학자의 양심과 자식의 도리 앞에서 종국은 혼란스럽기만 했다. 아버지는 한없이 따뜻한 눈길로 아들의 시선을 마주했다. 곁에서 맏딸 신화가 의아한 얼굴로 무슨 말을 하려는지 입을 달싹거렸다. 그러나 아버지는 엄한 눈길로 신화의 행동을 제지했다.

"대신 한 가지만 부탁하자. 설불리 평가하려 하지 말고 너는 역사적 사실만 정확하게 기록해라. 그것이 네가 할 일이다."

아버지는 더 이상 말이 없었다. 무겁고 긴 침묵이 답답하게 방 안 공기를 짓누르고 있었다. 이윽고 종국이 몸을 일으켰다. 문을 열고 나가려던 종국이 다시 뒤를 돌아보더니 꾸벅 고개를 숙였다.

"죄송합니다. 그리고 감사합니다."

종국의 발소리가 멀어진 후에야 신화가 무릎걸음으로 당겨 앉으며 아버지에게 물었다.

"왜 사실 대로 말씀하시지 않은 거예요?"

신화는 오빠 종국이 모르는 사실을 알고 있었다. 아버지는 징용을 독려하는 강연을 하는 한편 대한민국 임시정부에 돈을 대기도 했던 것이다. 돈이 없었던 아버지는 어느 부자에게 빌려서 그 돈을 임시정부에 건넸고, 그 부자의 아들이 빚을 독촉하러 몇 차례나 집에

왔었다. 아버지가 왜 그렇게 이중적인 행동을 했는지 신화는 알지 못했다. 그러나 아버지가 무턱대고 친일파로 비난받는다면 억울하다고 생각한 것이다. 아버지가 한참 후에야 침통한 어조로 입을 열었다.

"신화야. 내 강연을 듣고 전쟁에 나간 젊은이들도 분명 있을 것이다. 그중에는 목숨을 잃은 사람도 있겠지. 그 사람의 원통함은 말할 것도 없고, 남은 가족들의 슬픔은 누가 보상하겠느냐. 그때의 내 생각이 어찌 됐든 이유가 무엇이든 나는 민족 앞에 죄인이다. 그러니 앞으로는 누구에게도 다시는 그런 말을 입에 담지 말아라."

그날 밤, 아버지의 방에는 불이 켜지지 않았다. 간혹 아버지의 기침 소리만 들려왔다. 신화 또한 밤새도록 몸을 뒤척였다. 아버지가 독립운동을 하기 위해 일부러 친일파인 척 위장한 것인지 아니면 거꾸로 친일을 하고 보복을 당할까 두려워 내키지 않은 독립운동 자금을 댄 것인지, 아버지가 입을 열지 않으니 신화로서는 알 도리가 없었다. 그러나 아버지의 말이 옳았다. 어느 쪽이든 결과적으로 아버지는 우리 젊은이들을 일본 군대로 보냈다. 그중에는 아버지의 말처럼 죽은 사람도 있을 것이다.

아버지는 신화가 아는 한 나쁜 사람이 아니었다. 언제나 가족보다 민족이 우선이었고, 어떤 사람에게도 싫은 소리를 잘하지 못하는 따뜻하고 반듯한 사람이었다. 그런 아버지가 민족의 죄인이 되고 만, 그 복잡한 사정을 신화는 이해할 수 없었다. 산다는 게 참 복잡하구나. 아직 젊은 신화는 그렇게 생각할 뿐이었다.

신화는 오빠 종국이 걱정스러웠다. 종국이 앞으로 밝혀낼 사람 중에는 어쩌면 아버지 같은 사람들이 더러 있을지 몰랐다. 만에 하나 억울하게 친일파로 알려져 괴로움을 겪는 사람이 생기면 어떻게 한단 말인가. 신화는 그게 염려스러웠다. 하지만 아버지는 친일파 명단에 자신의 이름을 빠뜨리지 말라고, 객관적 사실에 의거해서 정확하게 쓰면 된다고 말했다. 그런 일이 필요하니 하라고 했을 것이다.

그날 밤, 종국 또한 밤새 몸을 뒤척였다. 민족을 먼저 생각할 것인가, 아버지를 먼저 생각할 것인가. 좀처럼 답이 나오지 않았다. 민족이 우선이어야겠지만 종국은 아버지의 아들이었다. 자식이라면 마땅히 아버지의 잘못까지 끌어안아야 하지 않겠는가. 하지만, 친일 행위를 한 사람들에게도 자식이 있을 것인데, 그 자식들 모두가 친일 행위를 한 부모의 잘못을 감추려고만 한다면 우리 민족의 미래는 어떻게 될 것인가. 아버지는 종국에게 무엇이 되라고 말한 적이 없었다. 다만 정직하라, 민족을 위하는 사람이 되라고 귀에 못이 박히게 강조했다. 자신의 과오를 기꺼이 밝히라고 말한 것도 그러한 신조 때문일 것이었다.

멀리서 새벽닭이 울었다. 그제야 종국은 마음의 결론을 내렸다. 비록 친일을 했지만 종국이 아는 한 아버지는 정직했다. 민족 앞에 죄인이지만 종국은 그런 아버지를 존경할 수밖에 없다고, 그날 밤 뿌듯한 마음으로 생각했다. 모순처럼 들리겠지만 친일파인 아버지 때문에라도 반드시 이 일을 해야 한다고.

침묵하는 세상

어느 날, 종국의 집으로 전화 한 통이 걸려왔다. 평화출판사 허창성 사장이었다.

"임 선생님이 좀 나오셔야겠습니다."

"무슨 일인데요?"

"그게 참……."

허창성은 말끝을 맺지 못하고 쩝쩝 쓴 입맛을 다셨다. 종국이 지난 8개월간 작업한 '식민지하의 작가들'이라는 제목의 원고를 들고 허창성을 찾아간 것은 두어 달 전의 일이었다. 허창성은 영어 회화 교재를 만들어 톡톡히 재미를 본 터였다. 종국은 허창성에게 원고를 내밀며 큰소리를 쳤다.

"베스트셀러가 될 책입니다."

보자기를 풀어 원고를 들춰본 허창성의 미간에 굵은 주름이 잡혔다. 유명한 작가들의 친일 여부를 파헤친 예민한 주제였다. 잘못했다가는 욕만 얻어먹을 가능성이 높았다. 무엇보다 친일을 한 사람들이 권력의 요소요소에 자리 잡고 있었다. 이 책은 작가들만 다룬 것이라 그들의 이름이 언급된 것은 아니지만 그들은 친일이라는 말 자체만으로 뜨끔할 것이고, 언젠가 자신에게도 향할지 모르는 화살을 피하기 위해 이 책을 공격할지 몰랐다. 사실, 종국은 이미 여러 차례 출판사들로부터 퇴짜를 맞은 상태였다. 친일 문제를 건드렸다는 것만으로 다들 질색을 했던 것이다.

"두고 보십시오. 6개월 안에 1만 부는 너끈히 팔릴 겁니다."

이런 주제의 책이 1만 부나 팔린다는 것은 거의 기적과도 같았다. 허창성의 속도 모른 채 종국은 아주 자신만만했다. 잠시 고민하던 허창성이 이윽고 고개를 끄덕였다.

"좋아요. 해봅시다. 다만 이 제목은 너무 약합니다. '친일문학론'으로 갑시다."

허창성이 책을 내기로 결심한 것은 베스트셀러가 될 거라는 종국의 호언장담을 믿어서가 아니었다. 허창성은 판매는 기대하지 않았다. 다만 이런 책을 내서 민족의 정체성을 확립해야 한다는 소명 의식이 들었던 것이다. 그런데 책을 내기도 전에 문제가 생겼다.

입맛을 다시던 허창성이 한참 만에야 사실을 털어놓았다.

"교정자가 교정을 못 보겠다는 겁니다. 임 선생님이 직접 교정을 봐주십사 하고 전화를 드렸습니다."

조금 전 원고를 보던 교정 담당자가 사장의 책상에 원고 뭉치를 탁 하고 내려놓았다.

"이 책, 저는 교정 못 봅니다."

"아니, 그게 무슨 소리요?"

직원이 일을 못 하겠다니, 황당한 일이 아닐 수 없었다. 직원은 잔뜩 굳은 얼굴로 마구 원고를 넘기더니 어느 한 곳을 가리켰다. 거기 유진오라는 이름이 보였다. 소설가이자 법학자로 고려대학교에서 학생을 가르치기도 한 사람이었다.

"이분이 제 스승이십니다. 어찌 제가 스승을 욕되게 할 수 있겠습니까? 정 이 책을 내시려거든 다른 사람을 시키십시오."

설득을 해도 소용이 없고, 직원이 어떻게 일을 안 하겠다는 것이냐고 야단을 쳐도 소용없었다. 별수 없이 허창성은 종국에게 전화한 것이다. 결국 종국은 자신의 책을 자신이 직접 교정을 보았다.

사실, 유진오는 종국의 스승이기도 했다. 어느 날, 고려대학교 교수이자 문학 평론가인 조용만이 종국을 찾아왔다. 그는 종국의 아버지와도 가까운 사이였으며, 종국이 《이상전집》을 냈을 때 서문을 써주기도 한 스승이었다. 게다가 조용만은 시인 이상과 함께 활동한 적도 있어서 《이상전집》을 준비할 당시 종국에게 많은 도움을 주기도 했다. 그런 조용만이 난처한 얼굴로 입을 열었다.

"유진오 선생은 내 은사일세. 그리고 이분이 다른 사람들에게 비해 열렬히 친일을 한 것은 아니지 않은가. 이분을 제발 자네 책에서 빼주게나."

종국의 책은 조용만의 친일 행적도 다루고 있었다. 그러나 조용만은 종국의 아버지처럼 자신에 관해서는 아무 부탁도 하지 않았다. 그런 조용만에게 종국은 내심 탄복했다. 그래서 무뚝뚝한 평소의 어조와 달리 공손하게 대답했다.

"정말 죄송합니다. 실은 저도 책을 쓰기 전에 여러 차례 고민했습니다. 유진오 선생님이나 조 선생님은 제가 유일하게 스승으로 모시는 두 분입니다. 그런 분들에 대해 쓰면서 어찌 고민하지 않았겠습니까? 그리고 저도 두 선생님의 친일 행위가 다른 사람들에 비해 미미하다는 것을 알고 있습니다. 하지만 선생님, 진실은 언제든 밝혀지는 법입니다. 차라리 이렇게 만천하에 드러내는 것이 외려 두 분의 죄책감을 덜어내는 기회가 될 수 있지 않겠습니까?"

자기 아버지의 친일 행적도 숨기지 않은 종국이었다. 종국은 자신의 책이 그야말로 객관적인 자료가 되기를 바랐던 것이다. 다행히 조용만은 종국의 뜻을 이해했고 책이 나온 뒤로도 종국과 변함없이 친분을 유지했다.

우여곡절 끝에 책이 나왔다. 베스트셀러가 될 것이라던 종국의 호언장담과는 정반대로 책은 전혀 팔리지 않았다.

"글은 남는다! 20년 만에 파헤쳐진 이 사실! 이것이 일제 말기의 전부다!"

"등장인물 1천 명, 문인 예술가 150명 그중 50명의 작품을 낱낱이 분석한 문제서!"

당시로서는 파격적인 광고까지 했지만 판매량은 요지부동이었다. 누구도 그 책에 대해 언급하지 않았다. 문단에서조차 화제가 되지 않았다. 그야말로 묵살에 가까운 태도였다. 큰 반향을 기대했던 종국은 낙심하지 않을 수 없었다.

'우리의 숨겨진 역사를 밝히는 데 이다지도 관심이 없단 말인가.'

종국은 절망스럽기까지 했다. 사람의 삶에도 역사에도 실수나 실패가 있다. 제대로 살기 위해서는 실수나 실패 혹은 잘못을 바로잡아야 한다. 그래야만 반듯하게 앞으로 나갈 수 있는 것이다. 일본에 빌붙어 일본을 찬양하던 사람들이 해방 후에도 부와 명예를 누리고, 목숨을 바쳐 독립운동을 했던 사람들이 고통을 받고 있다면, 어떻게 우리 국민들이 '정의'를 위해 살 수 있겠는가. 해방된 지 20년, 우리 국민들은 정의보다 목숨을 부지하고 돈을 벌고 출세하는 것이 더 우선이었다. 친일파를 청산하지 못한 것이 그렇게 된 가장 중요한 이유였다. 그 무렵 우리 국민들 사이에서는 '독립운동해 봤자 집안만 망한다. 힘들 때는 제 몸이나 보신하는 게 최고다'라는 생각이 만연해 있었다.

종국의 생각이 옳았지만 아직은 때가 아니었다. 세상은 종국의 깊은 뜻을 알지 못했다. 한 학생의 말을 듣고서야 종국은 냉혹한 현실을 깨달았다. 《친일문학론》이라는 책 제목을 본 한 학생이 이렇게 물었던 것이다.

"친일문학론이란 문학으로 일본과 친하게 지내자는 뜻인가요?"

친일을 했던 사람들은 자신들의 잘못에 대해 침묵하고, 그 이후에 태어난 세대는 친일이 무엇인지도 모르는 게 당시의 현실이었다. 종국의 《친일문학론》은 오히려 일본 학자들에게 인기를 끌었다. 한국에서 팔린 것보다 일본 사람들이 구입한 책이 훨씬 많았다. 가해자인 일본이 과거를 돌아보며 연구를 하는데 정작 피해자인 한국은 아픈 과거에 대해 돌아보지 않는 것이다. 현실을 알면 알수록 "20년 후에 다시 만나자"던 일본 군인의 말이 종국의 귓가에 쟁쟁했다.

5장 _ 들판에 떨어진 한 알의 밀알이 되어

좌절의 나날

1967년 5월 하순의 늦은 밤, 성북구 송천동(현재의 강북구 미아동)에 있는 종국의 본가로 다급한 전화 한 통이 걸려왔다.

"임 형이 위급합니다. 빨리 집으로 와주세요."

당시 종국은 집을 나와 하월곡동에서 살고 있었다. 셋째 종한과 막내 경화가 허겁지겁 달려갔다. 문을 열자 비릿한 피 냄새가 진동했다.

"오빠!"

경화가 비명을 지르며 종국에게 달려갔다. 종국은 여기저기 내널린 피 묻은 걸레 사이에 기진맥진 쓰러져 있었다. 눈이 동굴처럼 쑥 패인 종국은 얼굴이 백지장처럼 새하앴다. 동생들은 종국을 부축하여 인근의 병원으로 달려갔다. 그사이에도 종국은 계속 피를 쏟았다. 검붉은 피가 뚝뚝 걸음마다 땅을 적셨다.

"여기 에이비형 혈액 있습니까?"

종국은 에이비형이었다. 흔치 않은 혈액형이라 만에 하나, 병원에 없을 경우, 종국의 생명이 위독할 수도 있었다. 다행히 병원에 에이비형 피가 보관되어 있었다. 수혈을 시작하자 잠시 후 다행히 출혈도 멈췄다. 십이지장궤양이었다. 목숨은 건졌지만 병이 위중해서 종국은 한 달 동안 물도 먹지 못했다. 빈 병실에서 종국은 퀭한 눈으로 시를 끼적거렸다.

> 살아 있는 세포의 괴사를 막기 위해서
> 외과의사는 화농한 다리를 절단하였다.
>
> 잔인한 것은 메스,
> 절단된 환부로의 싯뻘건 단면을 밀어젖히며
> 써늘한 월광을 반사하는데
>
> 나도 나의 가치를 확인하기 위해서
> 나의 환부를 절단해 볼까?

세상은 종국의 가치도, 종국이 한 일의 가치도 알아주지 않았다. 그 외로움으로 종국의 몸과 마음은 몸살을 앓고 있었다.

퇴원한 후 종국은 하월곡동의 방 한 칸을 얻어 하숙을 시작했다. 몸이 워낙 축이 나서 혼자 사는 게 마땅치 않았던 것이다. 어느 날, 갓 스물이나 되었을까 싶은 처녀가 하숙집을 찾아왔다. 하숙집 주인 딸의 친구인 이연순이었다. 연순은 퀭한 눈으로 마당에 앉아 시상을 떠올리고 있는 종국을 자꾸 곁눈질로 바라보았다. 종국을 본 후로 연순의 발걸음이 잦아졌다. 간혹 종국이 클래식 기타를 연주하면 연순은 넋을 잃고 그 모습을 지켜보았다. 종국과 눈이 마주치면 연순의 볼이 발갛게 달아올랐다. 언젠가부터 종국은 연순이 와 있다는 것을 알면 슬그머니 기타를 들고 마당으로 나갔다. 종국의 클래식 기타 연주는 전국 대회에서 상을 받기도 했을 만큼 일품이었다. 기타의 부드러운 선율이 두 사람의 마음을 하나로 연결시켰다. 깊어가는 여름과 함께 두 사람의 사랑도 깊어갔다. 18년의 나이 차를 뛰어넘은, 당시로서는 파격적인 사랑이었다.

연순의 집에서는 딸보다 열여덟 살이나 더 많은 데다 글을 쓴다고는 하지만 제대로 돈벌이도 하지 못하는 종국이 탐탁할 리 없었다. 심지어 종국의 집에서조차 두 사람의 결혼을 반대했다. 종국은 시인답게 까다롭고 예민한 사람이었다. 아직 세상 물정도 모르는 어린 연순이 그런 종국과 원만한 결혼 생활을 할 수 없다고 판단한 것이다.

그러나 겨우 스무 살의 연순은 단호했다. 내 인생은 내가 살겠다는 연순의 고집 앞에서 다들 두 손을 들 수밖에 없었다. 두 사람은 1969년 11월 결혼식을 올리고 부부가 되었다.

주변의 염려와 달리 두 사람의 결혼 생활은 순탄했다. 무엇보다 종국의 태도가 예전과는 사뭇 달랐다. 종국은 결혼 전부터 이렇게 마음먹었다.

"미래의 아내를 위해서, 나는 생활의 설계와 함께 수양을 해야 한다. 너그러운 남편이 될 수 있는 수양을."

그러나 종국 부부가 화목한 것은 대체적으로 아내인 연순 덕이었다. 연순은 남편의 뜻을 이해할 뿐만 아니라 존경했으며, 사람의 신경을 거슬리지 않는 조용한 성품이었다.

첫딸 수연이 태어난 지 얼마 되지 않았을 때의 일이다. 막내 경화가 종국의 집을 찾아갔다. 새언니의 산후 조리를 도와주기 위해서였다. 형제자매들이 모두 결혼을 한 터라 종국 뒤치다꺼리는 늘 결혼하지 않은 경화의 몫이었다.

어느 날 연순이 종국이 나간 후에야 슬그머니 경화를 불렀다. 그러고는 결혼반지를 꺼내 놓았다. 영문을 알 리 없는 경화는 멀뚱멀뚱 연순을 바라보았다.

"이게 뭐예요, 언니?"

그러자 연순은 부끄러운 듯 배시시 웃으며 말했다.

"쌀이 떨어졌어요. 그이한테는 말 안 했는데 이거 전당포에 잡히고 쌀 좀 사다 주지 않겠어요?"

"그냥 넣어둬요. 그렇다고 결혼반지를 잡히면 어떡해요?"

경화가 벌떡 일어났다.

"저 금방 다시 올게요."

경화는 그길로 집에 와 뒤주에서 쌀을 한 말이나 폈다. 이런 아내 덕분에 종국은 차츰 절망에서 벗어났다. 이제 그는 자식을 둔 아버지이자 한 집안의 가장이었다. 어떻게든 돈을 벌어야 했다. 그는 여기저기 글을 썼다. 결혼하기 전이라면 절대 쓰지 않았을 흥미 위주의 글도 마다하지 않았다. 돈을 벌기 위해 글을 팔면서도 종국은 차츰 안정을 찾아갔고, 자신의 할 일에 대해 고민하기 시작했다. 자신의 목숨과 부를 위해 거리낌 없이 나라를 팔았던 친일파들이 아직도 득세하고 있는 세상, 모두들 두려워 입을 닫고 있지만, 그럴수록 누군가는 앞장서서 잘잘못을 가려야 했다. 이것이 종국이 반드시 해야 할, 종국에게 맡겨진 사명이었다.

농부 사학자

산 중턱 원두막에서 죽은 듯이 잠들어 있던 종국이 번쩍 눈을 떴다. 부옇게 동이 트고 있었다. 새벽안개에 싸인 산은 지난여름의 푸르른 생기를 잃은 채 누르스름 변해 가는 중이었다. 아들 정택이 종국의 옆구리를 찌르며 나지막한 소리로 말했다.

"아버지. 누가 우리 밤을 주워요."

정택의 말에 종국이 들으란 듯이 커다란 소리로, 흠흠, 헛기침을 했다. 난데없는 인기척에 화들짝 놀란 밤 도둑이 걸음아 날 살려라 도망쳤다. 종국 일가는 1980년 늦가을, 천안으로 이사를 했다. 몇 푼 되지 않는 원고료 수입으로는 자라나는 아이들을 제대로 돌보기 어려웠던 것이다. 종국은 천안에서 식구들 먹을 논농사를 지으며 밤 농사를 병행했다. 밤이 익을 무렵이 되면 종국은 아이들과 함께 산 중턱에 원두막을 짓고 거기 머무르며 밤을 지켰다. 몰래 훔쳐 가는 사람들이 더러 있었기 때문이다.

　종국과 아이들은 이슬이 촉촉하게 내린 산등성이를 돌아다니며 이른 새벽부터 밤을 줍기 시작했다. 이슬 젖은 풀숲 사이에서 또랑또랑 빛나는 알밤을 발견할 때면 아이들은 우아, 함성을 지르곤 했다.

　"아버지. 배고파요."

　어린 정택이 이내 짜증을 내며 칭얼거렸다. 벌써 일곱 시였다. 종국은 아이들을 데리고 집으로 내려갔다. 집안 곳곳에 더덕 냄새가 진동했다. 밥상을 내려놓는 아내 연순의 손톱 밑과 손마디가 시꺼멨다. 밤늦게까지 더덕을 까느라 더덕 진이 밴 것이다. 밤농사를 아무리 열심히 지어도 네 아이들 공부시키기가 버거웠다. 그래서 연순은 틈틈이 더덕을 까 시장에 팔았다. 농사를 짓기 시작한 이래 종국과 연순의 손은 농부의 손처럼 굵직한 마디가 잡히고 흙물이 뱄다. 새까맣게 그은 모습하며 생김새만 보면 영락없는 농부였다.

　"학교 다녀오겠습니다!"

　초등학생인 정택이 우렁찬 목소리로 외치고는 산길을 달리기 시작했다. 산 아래에 있는 초등학교까지는 10리, 그러니까 4킬로미터쯤 되었다. 인가도 없는 외딴 산길을 한 시간 넘게 걸어야 학교가 있었다. 종국은 그런 아들의 뒷모습이 안타깝기만 했다. 그러나 가슴 아파 할 시간도 없이 일꾼들이 밀어닥쳤다.

　종국과 연순은 따가운 가을 햇살을 받으며 종일 밤을 주웠다. 오후쯤 되자 허리가 욱신욱신 쑤셔왔다.

"임 선생님! 임 선생니임!"

종국이 막 허리를 폈을 때 집 있는 쪽에서 누군가 외치는 소리가 들렸다. 종국이 급히 집으로 달려갔다. 하루가 멀다고 찾아오는 집배원이었다.

"서울서 전보가 왔습니다."

출판사에서 급히 종국을 찾는 전보였다. 시원한 물 한 사발을 벌컥벌컥 들이킨 우편집배원이 투덜거렸다.

"임 선생님, 제발 전화 좀 놓으세요. 제가 임 선생님 댁에 전보 나르느라 다리에 알이 박였습니다."

종국의 집에는 전화가 없었다. 전기도 들어오지 않았다. 부근에 인가가 없어 전기를 산 중턱까지 끌어 올리자면 비용이 너무 비쌌던 것이다. 너무 외딴 곳이라 집배원은 신문이나 어지간한 편지는 산 아래 가게에 맡겨놓았다. 그러나 전보는 직접 배달할 수밖에 었었다. 촌에서 농사를 짓고 있지만 종국은 글을 쓰는 일도 게을리 하지 않았다. 그래서 출판사나 잡지사, 신문사에서 원고를 청탁하는 일이 잦았고, 종국에게 연락을 하자면 전보밖에 방법이 없었다. 종국에게 온 전보 때문에 시도 때도 없이 산을 오르자니 집배원도 힘이 들긴 들 터였다.

"그래서 곧 전화를 놓을 생각입니다. 올 가을걷이가 끝나면 전화를 놓을 테니 그때까지 조금만 더 고생해 주세요."

집배원의 얼굴이 환하게 밝아졌다. 전화가 있으면 전보는 더 이상 오지 않을 것이다. 그때 인기척이 들리더니 발소리가 가까워졌다. 산모롱이를 돌아 나타난 사람은 처음 보는 낯선 얼굴이었다. 종국이 사는 요산재까지 오려면 서울에서 기차를 타고 천안역에 내린 다음 다시 버스를 타고 천안 삼거리까지 와서 2킬로미터를 걸어야 했다. 어지간한 정성이 아니면 찾아오기 어려운 곳이었다. 손님이 환하게 웃으며 손을 내밀었다.

"선생님. 제가 바로 오무라 마쓰오입니다."

"아이고, 오무라 상. 어쩐 일이십니까? 연락도 없이."

반가운 손님은 오무라 마쓰오. 그는 일본 와세다 대학 교수로 한국에서 아무도 관심을 갖지 않았던 《친일문학론》을 일본어로 번역한 바 있었다. 《친일문학론》 일본어판은 제법 팔렸다. 게다가 일본은 우리보다 책값이 훨씬 비싸서 오무라가 전해 준 인세는 종국의 어려운 살림에 큰 도움이 되었다. 그동안 편지로만 왕래했던 두 사람이 처음으로 얼굴을 마주한 것이다.

종국은 일본인임에도 불구하고 한국의 친일파 문제에 관심을 가져주는 오무라가 고마웠다. 오무라는 일본인이지만 일본이 한국에 저지른 만행을 제대로 알고 있었고, 그것을 밝히는 데 앞장선, 보기

드물게 양심적인 일본인이었다. 종국의 《친일문학론》을 일본어로 번역한 것도 가해의 당사자인 일본이 자신들이 저지른 죄가 어떤 것인지를 제대로 알아야 한다는 생각 때문이었다. 《일제침략과 친일파》, 《일제하의 사상탄압》, 《정신대 실록》 등의 책을 펴내며 친일 문제를 고집스럽게 연구하고 있는 종국을 오무라는 존경하고 있었다. 그래서 한국을 방문한 김에 종국을 찾아 먼 길을 달려온 것이다. 아직도 세상은 종국이 하는 일에 무관심했지만 친일 문제를 청산하는 것이 필요하다고 생각하는 사람들은 하나 둘 늘어나고 있었다.

종국은 자신의 집필실로 오무라를 안내했다. 집필실이라야 책상도 없어 사과 궤짝을 엎어놓은 초라한 곳이었다. 그날 밤 두 사람은 장작 타는 냄새가 구수한 따뜻한 온돌방에서 밤이 깊도록 이야기꽃을 피웠다. 종일 밤을 줍느라 피곤할 법도 한데 종국은 전혀 졸린 기색이 없었다. 외려 밤이 깊을수록 눈동자가 초롱초롱 밝아왔다. 종국의 모습은 오무라에게 깊은 인상을 남겼다.

'이거야말로 멋지다. 대장부답다. 무서운 신념을 가진 이가 여기 있구나.'

농사를 짓느라 온몸이 까맣게 탄 데다 폐가 좋지 않아 깡마른 종국의 겉모습은 얼핏 보면 가난한 농부 같았다. 그러나 열정이 담긴 눈빛만은 예사롭지 않았다. 농사를 짓지 않으면 살 수 없는 가난한 학자의 생활이지만 종국은 그럼에도 불구하고 신념을 꺾지 않았다.

그 신념은 누구도 꺾을 수 없었다. 망가져 가는 폐도, 가난한 생활도, 세상의 냉대도.

잔혹의 기록

　1981년 6월, 종국은 떨리는 손으로 원고지의 마지막 장에 자신의 이름을 적었다. 《정신대 실록》이라는 이름의 책을 완성한 것이다. 그러나 종국은 또 한 권의 책을 펴낸다는 뿌듯함보다는 책임감으로 마음이 무거워졌다.

　종국은 어렸을 적 듣곤 했던 '정신대'라는 걸 기억하고 있었다. 1937년의 중일 전쟁에 이어, 1941년 태평양 전쟁까지 일으킨 일본은 조선 청년들을 전쟁터로 끌어갔고, 종국보다 젊은 여성들은 '정신대'라는 이름으로 한 무리씩 어디론가 불려가곤 했었다. 그렇게 떠난 여성들 중에는 종국보다 겨우 대여섯 살 정도 위인 16~19세의 나이 어린 소녀들도 있었다. 어디로 끌려가는지도 몰랐던 소녀들은 가족들에게 작별의 말조차 남기지 못했다. 그저 일본인들의 말처럼 군수공장이나 병원에서 일하게 되는 줄만 알고 있었다.

종국이 찾아낸 1960~1970년대의 일본 서적들은 '정신대'라는 이름으로 동원된 그 여성들 중 상당수가 일본군 '위안부'로 강제로 끌려갔다는 증언을 하고 있었다. 일본 군대를 '위안'한다는 것은 무엇이며 왜 강제로 끌려가야 했던 것일까? 그것은 바로, 전선에 나선 일본 군인들을 위해 성노예 생활을 강요당하는 것을 의미했다. 일본은 제 나라 군인들의 성적 욕구를 해소시켜 주려고 식민지였던 조선의 여성들을 취직시켜 준다는 거짓 약속으로 꼬여내 강제로 성 노리개로 삼은 것이었다.

종국이 《정신대 실록》을 쓰기 위해 참고한 책과 잡지 기사를 합하면 70가지가 넘었다. 일본군 위안부로 끌려간 한국 여성들의 얘기를 다룬 그 글들은 대부분 일본 학자가 쓴 것들이었다. 일본인들의 기록에 의하면 20만 명가량의 일본군 위안부 중 조선에서 끌려간 여성이 팔 할(16만 명가량)이라고 했다.

종국은 일본군 위안부의 실상을 낱낱이 서술하고 있는 그 책들을 한국어로 옮기면서 참을 수 없는 분노에 치를 떨었다. 일본은 조선의 여성들을 속이기가 점차 어려워지자 더욱더 악랄한 수법까지 동원했다. 근로정신대라고 해서 실제 공장 노동에 동원된 여성들마저도 강제로 위안부로 끌고 갔던 것이다. 일단 이렇게 붙잡혀 간 여성들은 창고나 여관 등에 감금되었다가 어느 날 기차나 배에 실렸다. 일본은 여성들을 마치 화물칸의 짐짝처럼 취급했다. 취직이 될 줄

알고 기다렸던 조선의 여성들은 만주로, 중국 대륙으로, 필리핀으로, 태국으로, 남태평양으로, 일본군이 전쟁을 벌이는 곳이면 어디든 끌려갔다. 그렇게 끌려간 여성들은 아침부터 밤까지, 쉬는 날도 없이 일본 군인들의 성폭행에 시달려야 했다.

가족과 작별인사도 제대로 나누지 못한 채 끌려간 어린 여성들은 이역만리(異域萬里)까지 떠밀려 와 부모와 고국을 그리며 눈물로 세월을 견뎠다. 전장에서 전장으로 끊임없이 이동하는 중에 폭격에 맞아 사망하기도 했다. 일본의 극악함은 거기에서 끝나지 않았다. 전쟁이 끝나자 증거 인멸을 위해 위안부들을 방공호나 동굴 속으로 몰아넣고 폭탄을 터뜨려 몰살하기도 했던 것이다. 어렵사리 살아남은 위안부 대부분은 수치심 때문에 고국으로 돌아오지 못하고 낯선 타국에서 한 많은 삶을 이어갔다. 슬픔과 한을 견디지 못해 스스로 목숨을 끊은 여성들도 적지 않았다.

종국에게 한국의 여성은 위대한 존재들이었다. 어머니 김태강만 보아도 그랬다. 일본 경찰들 앞에서 누구보다도 당당하고 떳떳하게 행동했던 어머니는 아버지의 뒷바라지는 물론, 혼자서 집안의 생계를 책임지고 이끌어갔다. 일본은 그런 한국의 위대한 여성들을 마구 짓밟고 유린했던 것이다.

고국으로 돌아와 이제는 할머니가 된 위안부들 역시 주위의 시선이 두려워 가족에게조차 사실대로 말하지 못하는 고통의 긴 세월을 보냈다. 위안부에 대해 떠도는 소문들을 일본 극우 세력의 일방적인 주장이겠거니 생각한 사람도 있었다. 진지하게 들었어도 곧이곧대로 믿는 이들은 많지 않았다. 그런 야만스럽고 잔인한 일이 당시의 꽃다운 우리 처녀들에게 실제 일어났으리라곤 상상도 할 수 없었고, 인정하고 싶지도 않았던 것이다.

종국은 《정신대 실록》의 마지막에 이렇게 적었다.

> 약한 나라에 태어난 죄로 인간으로서는 도저히 상상도 할 수 없는 극한의 비극을 겪어야 했던 희생자들의 명복을 빈다.

종국은 자기 민족의 고통스런 역사에 관심을 갖지 않는 현실이 안타깝기만 했다. 일본에서는 1960년대부터 한국인 위안부의 실상을 기록하기 시작했다. 그러나 정작 피해자인 한국에서는 1981년 종국의 《정신대 실록》이 나오기까지 제대로 된 기록이 아예 존재하지 않았다. 종국의 《정신대 실록》으로 인해 위안부 문제라는 가장 가슴 아픈 역사가 역사의 전면으로 부상하기 시작했다. 종국의 책 이후로 일본군 위안부에 대한 실상이 차근차근 밝혀지고 다른 사람들의 연구도 잇따랐다. 위안부 출신 할머니들도 용기 있게 나서서 평생 가슴에 묻고 살았던 가슴 아픈 시절을 생생한 목소리로 들려주었다. 할머니들은 일본의 만행을 알리기 위해서라면 장거리 비행도

마다하지 않았다.

그러나 그렇게 되기까지는 아직 긴 시간이 필요했다. 종국이 《정신대 실록》을 막 탈고했을 때는 아무도 민족의 과거에 관심을 갖지 않았다. 천신만고 끝에 살아 돌아온 위안부 할머니들은 숨죽인 채 인고의 세월을 보내고 있는데, 일본의 앞잡이가 되어 같은 민족에게 만행을 저지른 친일파들은 아무 뉘우침 없이 떵떵거리며 부를 축적하며 살고 있었다.

종국은 마음속으로 하루에도 수십 번 뇌까렸다.

"친일의 역사는 반드시 기록되어야 한다."

민족의 앞날은 친일 문제의 청산 여부에 달려 있음이 너무나도 명백했다. 종국은 친일의 역사를 오롯이 기록하겠노라고 의지를 더욱 불태웠다.

자료와의 전쟁

1984년 겨울, 종국은 둘째 연택을 데리고 남산도서관으로 향하는 오르막길을 오르고 있었다. 이른 아침이라 찬바람이 옷깃을 파고들었다. 이제 겨우 중학교 1학년인 연택은 목도리로 목을 칭칭 감싸고 있었지만 코끝이 파랗게 얼어 있었다. 연택은 아버지를 돕기 위해 학교를 휴학한 채 서울로 올라온 참이었다.

지난가을 종국은 밤농사가 끝나자 불쑥 막내 경화를 찾아갔다.

"돈 좀 다오."

종국은 다짜고짜 돈 이야기부터 꺼냈다. 말이 떨어지기 무섭게 경화는 서랍을 열고 통장을 꺼냈다. 어디에 쓰려 하느냐고 묻지도 않은 채 경화는 통장과 도장을 종국 앞으로 내밀었다. 언젠가 함께 살던 시절, 종국이 더위를 이기지 못해 며칠이나 밥을 먹지 못했다. 닭죽이라도 먹으면 기운을 차릴까 하고 경화는, "오빠. 닭죽 좀 쑬까요?"

하고 물었다. 기껏 생각해서 한 말이건만 종국은 인상을 쓴 채 가타부타 말이 없었다. 그래도 혹 먹을까 싶어 경화는 땀을 뻘뻘 흘리며 닭죽을 쒔다. 그러나 종국은 입에도 대지 않았다. 쒀주고 싶으면 말없이 쒀줄 것이지 치사하게 물어보냐는 것이었다. 얼마 후 경화는 말없이 닭죽을 쒔다. 오빠의 몸을 염려하는 경화의 마음을 종국은 그제야 고맙게 받아들였다. 종국은 그런 사람이었다. 남에게 도움을 줄 때나 반대로 폐를 끼칠 때나 치사하다며 절대 생색을 내는 법이 없었다. 그런 오빠에게 돈을 어디에 쓸 거냐고 물으면 벌떡 일어나 가버릴 게 분명했다. 그리고 다시는 경화에게 돈 달라는 소리를 하지 않을 터였다. 오빠의 괴팍한 성격이 불편하긴 했지만 경화는 오빠가 이 돈을 결코 허튼 데 쓰지 않을 것임도 잘 알고 있었다.

《친일문학론》을 출판한 후 10여 년 동안 종국은 농사일을 하는 틈틈이 《친일인명사전》을 만들고 있었다. 《친일문학론》은 친일 문제를 청산하기 위한 첫걸음이었을 뿐이고, 문인들뿐만 아니라 학계, 관계, 재계, 군 등을 통틀어 친일한 모든 사람들의 명단을 작성하려는 것이었다. 친일 명단이 있어야 후손들이 적어도 누가 친일을 했는지 알 것이고, 언젠가 민족정기를 바로 세울 수 있다는 것이 종국의 생각이었다.

《친일인명사전》을 작성하려면 우리나라가 강제로 일본에 병합된 1910년부터 1945년까지의 모든 신문과 잡지와 기록을 뒤져야 했다.

방대한 시간과 노력이 들어가는 작업일 뿐만 아니라 누구도 알아주지 않는 작업이었다. 종국이 아니라면 누구도 나서지 않을 터였다.

경화가 건넨 통장에는 400만 원이 들어 있었다. 당시 월급 많기로 소문난 신문사 초봉이 40만 원. 요즘으로 치면 근 4,000만 원 가까운 액수였다. 돈이 생기자 종국은 일이 뜸한 농한기를 틈타 서울로 올라왔다. 그러나 혼자서는 할 수 없는 방대한 작업이었고, 자료 조사를 도와줄 만한 사람을 구할 돈도 없었다. 고민 끝에 종국은 둘째 연택을 불렀다. 맏이 지택은 대학 시험이 가까운 터라 차마 부탁할 수가 없었다.

"연택아. 한 학기만 휴학을 하고 아버지를 도와주면 안 되겠니?"

고작 중학교 1학년일 뿐이지만 연택은 어려서부터 아버지가 늘 자료 더미와 씨름하는 것을 보며 자랐다. 아무리 일이 피곤할 날도 아버지는 깊은 밤까지 책상 앞에 앉아 있었다. 어렸을 때는 놀아주지도 않고 공부만 하는 아버지가 야속하기도 했다. 그러나 철이 들면서 연택은 아버지가 우리 민족의 정기를 바로 세우는 중요한 일을 하고 있다는 것을 알게 되었다. 그래서 언젠가부터 아버지가 책상 앞에 앉아 있으면 방해하지 않으려고 발뒤꿈치를 들고 조심조심 걸어 다녔다. 놀아달라는 철없는 말도 하지 않았다.

"무슨 일을 해야 하는데요?"

"아버지와 같이 도서관에 가서 옛날 신문을 찾는 거야."

연택은 자기도 모르게 한숨을 내쉬었다. 한마디로 아버지처럼 하루 종일 공부를 해야 한다는 뜻이었다. 하지만 연택은 이내 고개를 끄덕였다. 아버지를 돕는 것은 곧 우리 민족을 위한 일이라는 생각을 하자 연택의 어린 가슴이 두근거렸다.

학교가 방학을 하자 종국과 연택은 곧 서울로 올라왔다. 가급적 돈을 아끼기 위해 도서관과 가까운 곳에 자취방을 얻어놓고 손수 밥을 지어 먹으며 두 사람은 하루도 빠짐없이 도서관으로 출근했다.

종국은 연택을 데리고 일제 강점기에 나온 《총독부 관보》가 있는 서가로 갔다. 《총독부 관보》 35년분을 죄 읽고 그중 필요한 대목을 복사하는 중이었다. 종국은 이내 《관보》에 정신이 팔렸다. 《관보》를 넘길 때마다 먼지가 풀풀 피어올랐다. 일제 강점기의 자료가 있는 서가에는 종국 부자뿐 개미 새끼 한 마리 얼씬거리지 않았다. 한 달 치를 다 읽고 난 종국이 연택에게 《관보》를 넘겼다.

"여기 표시된 것들 좀 복사해 오너라."

벌써 세 달째 아버지를 돕고 있는 연택은 일에 숙달이 되어 쪼르르 복사기가 있는 곳으로 달려갔다. 1년분이면 대략 복사할 게 600~700장, 한 달분이면 50~60장가량 되었다. 35년분이니 2만 장 넘게 복사를 해야 하는 것이다. 《총독부 관보》가 끝나면 그다음은 《매일신보》. 《매일신보》는 복사조차 할 수 없으니 필요한 기사를 일일이 손으로 베껴 적어야 했다.

연택은 도서관에 들어설 때마다 천장 높이 쌓여 있는 자료들을 보며 한숨을 내쉬었다. 그러나 종국은 도무지 포기라는 것을 몰랐다. 산더미 같은 자료를 쌓아놓고, 밥 먹을 때를 제외하면 하루 종일 눈도 떼지 않는 아버지를 보면서 연택은 고개를 절레절레 내저었다.

"아버지. 끝날 시간 다 됐어요."

연택이 시계를 힐끔거리며 아버지를 채근했다. 이제 중학교 1학년. 고작 열세 살에 몇 달씩 도서관에 틀어박혀 있으려니 좀이 쑤시는 것이다.

"어, 그래."

종국은 깨알 같은 희미한 활자에서 눈도 떼지 않은 채 건성으로 고개를 끄덕였다. 연택이 서너 번이나 채근을 했지만 종국은 응응, 대답만 하고는 일어설 생각을 하지 않았다.

"선생님. 죄송하지만 문 닫을 시간이 지났습니다. 내일 오시죠. 어차피 오늘 다 볼 수 있는 것도 아닌데……."

보다 못한 사서가 와서 독촉을 한 후에야 종국은 아쉬운 듯 의자에서 일어났다. 갑자기 자리에서 일어난 탓에 다리가 후들거렸다.

겨울이라 해는 일찍 저물었다. 종국과 연택은 서울의 화려한 불빛을 바라보며 터벅터벅 걸었다. 바람은 차고 매서웠다.

'누가 우리 아버지의 이런 고생을 알아줄까? 아버지는 왜 이렇게 돈도 안 되고 사람들이 알아주지도 않는 일에 목숨을 거는 것일까?'

어린 연택은 아버지가 대단하다고 생각하면서도 그런 의문이 들었다. 어찌나 추운지 연택이 부르르 몸을 떨며 물었다.

"아버지. 아버지가 꼭 해야 돼요? 다른 학자들이 하면 안 돼요? 그 사람들은 아버지보다 돈도 많잖아요?"

종국은 쓸쓸하게 웃으며 연택의 머리를 마구 흩뜨렸다. 그것이 종국의 유일한 애정 표현이었다.

"나중에 네가 크면 이해할 거다. 세상이 알아주든 몰라주든 해야만 하는 일이 있다. 돈이 있고 명예가 있는 사람은 무서워서 또 힘들어서 못 하는 일이지만, 누군가는 해야 하는 거야……."

미안하다……라는 종국의 마지막 말은 때마침 붕 하고 지나가는 버스 소리에 묻혀 들리지 않았다. 종국은 자신이 하는 일이 민족에게 필요한 일임을 확신했다. 그러나 가족들에게는 한없이 미안했다. 모두가 자신의 일 때문에 희생하고 있는 것이다. 아내와 자식들은 물론 동생들까지.

그날 밤, 종국은 자취방 바닥에 깐 신문지를 밥상 삼아 밥을 먹었다. 반찬이라야 동생들이 가져다 준 밑반찬뿐이었다. 나직나직한 발소리가 가까워지더니 누군가 문을 열었다. 양손에 반찬을 잔뜩 든 경화였다. 경화는 말없이 반찬을 꺼내 종국과 연택 앞에 밀어놓았다. 그러고는 우두커니 두 사람이 허겁지겁 밥 먹는 모습을 바라보았다. 경화의 눈에 눈물이 가득 차올랐다. 오빠 나이 쉰여섯. 어려서는 신동 소리를 듣던 오빠였다. 그런 오빠가 쉰여섯이나 되어 신문지 위에 차린 밥을 먹고 있는 것이다.

오빠가 속상할까 싶어 간신히 소리를 억누르고 눈물을 찍어내던 경화가 깜짝 놀랐다. 밥숟가락을 드는 오빠의 손목이 앙상하게 말라 있었다.

"오빠 어디 아파요?"

"늘 그렇지 뭐. 서울 생활이 힘들어 그런지 한 3킬로그램 빠졌더라."

말끝에 종국이 쿨럭쿨럭 기침을 했다. 종국은 폐가 좋지 않았다. 기관지 천식으로 늘 기침도 했다. 십이지장궤양도 앓았다. 그런 데다 서울에서 홀아비 생활을 하며 쉬지 않고 일을 하다 보니 몸이 축난 것이다.

결국 종국은 계획했던 작업을 모두 끝내지 못한 채 1985년 5월 말경 천안으로 내려오고 말았다. 그길로 종국은 한 달 남짓 앓아누웠다. 한 달 후에 겨우 자리에서 일어나긴 했으나 한 번에 200보 이상 걷지 못했다.

그런 상태에서도 종국은 복사해 온 기사들을 정리해서 친일인명카드를 만들기 시작했다. 몸이 좋지 않을수록 일을 빨리 끝내야 한다는 생각으로 마음이 조급했던 것이다. 하루가 지나면 책상으로 쓰는 사과 궤짝 옆에는 검토한 기사들과 새로 만든 인명카드가 수북히

쌓였다. 자신의 생명을 불살라 종국은 일에 매진했다. 이 무렵의 심정을 종국은 이렇게 밝혔다.

"혼이 없는 사람이 시체이듯이, 혼이 없는 민족은 죽은 민족이다. 역사는 꾸며서도, 과장해서도 안 되며 진실만을 밝혀서 혼의 양식으로 삼아야 한다. 15년 걸려서 모은 내 침략, 배족사(背族史)의 자료들이 그런 일에 작은 보탬을 줄 것이다. 그것들은 59세인 나로서 두 번 모을 수 없기 때문에 벼락이 떨어져도 나는 내 서재를 뜰 수가 없다. 자료와, 그것을 정리한 카드 속에 묻혀서 생사를 함께할 뿐인 것이다."

끝나지 않은 항일 투쟁

　1988년 초겨울이었다. 종국은 햇빛이 따스하게 내리쪼이는 창가에 앉아 먼 산을 바라보았다. 밤밭과 집을 팔고 천안 시내로 이사 온 게 1년 전. 숲 속의 냉기가 지병인 천식에 좋지 않아 천안 시내로 이사를 한 것이다. 어느새 낙엽을 쏟아버린 산은 스산한 잿빛이었다. 잿빛 산 위로 바람이 불었다. 종국의 시선은 먼 산에서 창 바로 앞뜰로 향했다. 앙상한 나뭇가지가 차가운 바람에 마구 흔들리고 있었다. 종국은 바람이 되고 싶었다. 어디에도 묶이지 않고 자유롭게 흘러 다니는. 오래도록 바람의 움직임을 보고 있던 종국이 무언가를 결심한 듯 전화를 들었다.
　"응. 날세. 자네가 날 좀 도와줘야겠어."
　전화를 받은 사람은 평소 가깝게 지내는 김대기였다. 천안에서 서점을 운영하는 김대기는 종국의 신념을 존경하여 친동생처럼 종국을 보살펴 준 사람이었다.

"나와 같이 집필할 사람을 좀 찾아주게."

종국의 말에 김대기의 가슴이 철렁 내려앉았다. 김대기는 종국이 서울에서 병이 들어 내려왔을 때부터 죽음이 머지않았음을 예감했다. 제발 예감이 잘못되었기를 간절히 바랐건만 종국의 건강은 나날이 나빠졌다. 이제 열 걸음을 걷지 못할 정도였다. 몇 발짝만 내딛어도 숨을 헐떡였고, 만일의 경우를 대비해 집에 산소통까지 갖추고 있었다.

'이분도 죽음을 예감하고 있구나. 그래서 가시기 전에 하던 일을 정리하려고 하는구나.'

김대기는 일보다 건강이 우선이니 제발 그만 좀 하시라고 말리고 싶은 마음이 굴뚝같았다. 그러나 말린다고 말을 들을 사람이 아니었다. 서울에서 내려온 다음에도 종국은 하루 여덟 시간씩 꼬박꼬박 글을 썼다. 오히려 하던 일을 끝낼 수 있도록 돕는 것이 종국을 위하는 길임을 김대기는 잘 알고 있었다.

며칠 후 종국의 집으로 손님이 찾아왔다. 김대기가 소개한 김승태였다. 그는 당시 독립기념관 교육관장을 맡고 있었다.

"내가 건강 때문에 혼자서는 일을 못 마칠 것 같소. 내가 기획한 《친일파 총서》는 총 10권 분량인데, 각 권 모두 필자 책임 아래 자료 수집과 집필을 합시다. 그리고 마지막 권은 인명사전으로 했으면 좋

겠소. 1만 5천 명의 친일인명카드는 이미 작성해 뒀소. 그걸로 인명사전 만드는 게 가능할 거요."

김승태의 소개로 독립기념관에서 함께 일하는 이명화가 합류했다. 김승태는 종교와 문화 분야를 맡고, 이명화는 교육 분야, 그리고 종국은 정치, 경제, 군사 분야를 맡기로 했다. 이 친일파 총서 10권은 종국이 평생 해온 일의 총정리인 셈이었다.

이듬해 늦가을, 종국의 병은 나날이 깊어졌다. 그러던 어느 날 방송사에서 종국을 찾아왔다. 해방 후 친일파들을 처벌하기 위해 조직되었던 반민족행위특별조사위원회('반민특위'로 줄임)에 관한 프로그램을 준비하고 있다는 것이었다.

"미안하지만 내가 보다시피 건강이 좋지 않아 도와줄 수가 없소이다."

발작적으로 기침을 해대는 종국은 한눈에 보기에도 병색이 완연했다. 지난밤 원고 하나를 마무리하느라 무리한 탓에 앉아 있기도 어려운 형편이었다.

"하지만 선생님. 임 선생님이 아니면 누가 반민특위에 대해서 말할 수 있겠습니까? 제발 좀 도와주십시오."

방송국에서 친일파 문제를 다루겠다니 종국이 돕지 않을 수 없었다. 평생 종국이 우리 국민에게 알리고 싶었던 바로 그 일이었다. 그날 종국은 겨우겨우 촬영을 마쳤다. 방송국 사람들이 돌아가자마자 종국은 호흡 곤란을 호소했다.

"벼, 병원으로……."

놀란 가족들이 종국을 병원으로 옮겼다. 목을 뚫고 굵은 호스를 꽂았으나 종국의 의식은 돌아오지 않았다. 입원한 지 2~3일이 지나 종국은 겨우 의식을 회복했다. 병원에서는 종국이 뭘 하는 사람인지도 몰랐다. 담당 의사를 찾아간 김대기가 책 한 권을 건넸다. 종국이 쓴 《친일문학론》이었다.

"이대로 돌아가시면 안 되는 분입니다. 우리 민족을 위해 꼭 필요한 분입니다. 더 사시면서 하실 일이 많습니다. 각별히 신경 좀 써주십시오."

다음 날 김대기가 병실에 들어서자 종국이 언짢은 얼굴로 나무랐다.

"왜 이런 일을 하나? 내가 이런 데 와서 특별 대우를 받아야겠나?"

종국은 평생 권력을 멀리한 사람이었다. 권력보다 자유를 사랑한 사람이었다. 죽음을 앞에 두었다고 해도 특별 대접을 받고 싶지는 않았던 것이다.

얼마 뒤 김대기가 잘 아는 친구와 목사가 꼭 종국을 면회하고 싶다며 찾아왔다. 기도가 끝난 후 종국이 김대기에게 펜을 달라고 했다. 목을 뚫은 상황이라 말이 제대로 나오지 않은 까닭이다. 종국이 힘들게 한 자 한 자 적어나갔다.

"나를 좀 살려달라. 아직 할 일이 많이 남았다."

그러나 하느님은 종국에게 더 이상의 삶을 허락하지 않았다. 일주일 후, 종국은 만 60세의 나이로 숨을 거두었다. 친일 문제를 평생의 화두로 삼은 지 20여 년, 임종국은 끝내 친일 문제가 청산되는 것을 보지 못한 채 눈을 감고 말았다.

에필로그

    1991년 2월 27일, 동대문구 회기동의 작은 골목길이 여느 때와 달리 북적거렸다. 차림새는 허름했지만 다들 밝고 활기찬 표정이었다. 사람들은 2층 사무실 앞에 걸려 있는 현판 앞에서 발길을 멈췄다. 나무로 만든 작은 현판에는 이렇게 적혀 있었다.
    "반민족문제연구소."
    2년 전, 종국을 마지막으로 떠나보내는 자리에서 누군가 침통하게 입을 열었다.
    "임종국 선생이 가셨으니 이제 누가 우리 역사를 바로 세웁니까?"
    "이건 혼자서 할 수 있는 일이 아닙니다. 정부나 대학에서 연구소를 건립해야지요."
    그러나 우리나라 정부는 물론이고 모든 대학이 친일 문제에 관해서는 아예 입을 다물고 있었다.
    "그러게 말입니다. 임 선생은 그걸 혼자 해내셨으니 정말 대단합니다."

"임 선생이 평생을 걸고 하신 일인데 여기서 끝낼 수는 없습니다."

"그럼 어떻게 합니까?"

"정부도 대학도 하지 않겠다면 우리가 해야지요!"

평소 종국을 따르던 후배 학자들은 그 말에 눈을 빛냈다.

"그럽시다! 우리가 합시다!"

연구소를 운영하기 위해서는 일단 사무실을 마련하고, 상근할 연구원을 구하고, 그들에게 최소한의 월급이라도 지급해야 했다. 대부분 월급도 변변치 않고 미래도 불안정한 대학의 강사로 일하거나 교수로 일하던 대학에서 쫓겨난 처지였지만 어려운 형편에도 불구하고 다들 십시일반으로 돈을 모으기 시작했다. 돈을 모으고 사람을 모으기 시작한 지 2년 만에 마침내 반민족문제연구소를 건립할 수 있었다. 그리고 4년 뒤인 1995년, 연구소는 체제를 재정비하여 '민족문제연구소'로 이름을 바꿔 달았다.

종국이 자신의 평생을 걸었듯 그의 뜻을 이어받아 민족문제연구소를 건립한 사람들도 자신들의 평생을 걸었다. 창립 발기인 중 한 연구자는 부모님에게 생떼를 부려 당시로서는 큰돈인 2천만 원을 아무 조건 없이 내놓았고, 또 다른 이는 신혼집 전세금을 탈탈 털었다. 오갈 데가 없는 이 연구원 부부는 조그만 사무실에 딸린 작은 방에서 신혼살림을 차렸다. 두 사람이 겨우 몸을 누일 만큼 좁은 방이었다. 욕실은 물론 없었다. 게다가 사무실 사람들이 공용으로 쓰는 화장실을 써야 했다. 그러나 신혼부부는 기꺼이 그 불편을 감수했다.

민족문제연구소는 보통의 연구소와 달리 그냥 연구소가 아니었다. 11평 남짓한 작은 사무실에 상근자도 겨우 넷뿐인 초미니 연구소지만 민족의 잘못된 과거를 바로잡고 희망찬 미래로 나아가자는, 민족의 미래를 짊어진 위대한 연구소였다.

개소식 날, 좁은 사무실은 축하하기 위해 찾아온 사람들로 발 디딜 틈이 없었다. 강만길 교수, 리영희 교수, 송건호 《한겨레신문》 사장 등 당대의 정신적 스승이라 할 만한 사람들도 모두 함께했다. 사무실을 겨우 얻긴 했지만 연구소 앞에는 험난한 나날이 기다리고 있었다. 거기 모인 사람들 모두 그 사실을 너무나 잘 알고 있었다.

겨우 만든 운영 자금은 몇 달 지나지 않아 바닥이 났다. 매일매일 돈과의 싸움이었다. 돈을 구하지 않으면 연구소가 문을 닫을 수밖에 없는 것이다. 연구하랴 돈 구하랴 정신없는 나날이었지만 누구 한 사람 그만두지 않았다.

1993년 민족문제연구소는 어려운 형편임에도 불구하고 연구원들의 주머니를 털고 몇 안 되는 회원들의 도움을 받아 《친일파 99인》이라는 책을 발간했다. 을사오적의 주역인 이완용을 위시하여 각계각층의 주요한 친일파 99명의 친일 행적을 추적한 기록이었다.

책이 나온 며칠 뒤 연구소로 한 통의 전화가 걸려 왔다. 이름만 대면 누구나 다 알 만한 재벌 그룹이었다. 그 그룹의 창립자가 99인에 올라 있었던 것이다.

"창립자 이름을 삭제해 주십시오. 그러면 돈을 기부하겠습니다."

재벌 기업에서 제시한 백지 수표를 보고 연구원들은 눈이 휘둥그레졌다. 매달 연구소 운영비를 걱정하는 처지에 유혹적인 제안이 아닐 수 없었다. 그 재벌 기업의 창립자는 99인 중에서 친일 활동이 미미한 C급에 속했다. 《친일인명사전》에서 그 정도 이름을 삭제한다고 해도 큰 문제는 없을 터였다. 연구원들이 모두 모여 이 문제를 놓고 토론을 했다. 초대 소장이었던 김봉우가 단호한 어조로 입을 열었다.

"그건 안 될 일입니다. 민족문제연구소는 민족정기를 바로 세우기 위해 친일파를 청산하려는 겁니다. 역사를 바로 세우려는 우리가 역사에 부끄러운 일을 할 수는 없습니다. 임종국 선생은 당신 아버님의 기록조차 삭제하지 않았습니다. 《친일인명사전》 편찬에는 재벌은 물론 그 어떤 사람도 예외일 수 없습니다."

그날 저녁, 연구원들은 묵묵히 소주 잔을 비웠다. 당장 연구원들은 하루하루 살아갈 일이 걱정이었다. 상근하는 연구원 네 명에게는 월급이 나왔지만 겨우 입에 풀칠이나 할 정도였고, 그나마 거르기 일쑤였으며, 상근자들을 도와 연구하고 있는 다른 연구원들에게는 용돈 한 푼 지급되지 않았다. 물거품처럼 사라져버린 재벌의 돈이 아쉽기는 했지만 누구 하나 이의를 제기하지 않았다. 쉽게 가자고 부끄러운 일을 할 수는 없는 노릇이었다. 그래도 우울한 밤이었다. 소주 잔을 연거푸 기울이던 누군가 혼잣말처럼 중얼거렸다.

"임종국 선생은 어떻게 버텼을까?"

1~2년도 아니고 20년 넘게 종국은 돈 한 푼 벌리지 않고 누구 하나 알아주지 않는 친일 문제를 연구해 왔다. 본인은 물론 가족들에게도 험난한 세월이었지만 그 세월은 종국의 뜻을 이어받으려는 사람들에게 귀감이 되었다.

연구소에는 끊임없는 유혹이 찾아왔다. 언젠가는 당시 실세였던 한 국회의원이 넓은 사무실과 연구비를 지원하겠다고 제의했다. 앞서의 재벌과 달리 그는 독립운동 명문가의 후예였다. 그러나 민족문제연구소는 국회의원의 제안을 정중히 사양했다. 혹 민족문제연구소의 성과가 그 정치인의 치적으로 오해될 가능성이 있기 때문이었다.

민족문제연구소는 이렇게 어려운 상황에서도 1993년《친일파 99

인》에 이어, 1994년에는 《청산하지 못한 역사》를 출간했다. 이 책을 통해 그간 사람들이 잘 알지 못했던 기득권 세력의 친일 행각이 만천하에 드러났다. 그 충격과 파장은 적지 않았다. 미처 몰랐던 사실을 알게 된 사람들이 하나 둘 연구소에 관심을 갖기 시작했다.

1995년, 민족문제연구소는 사단법인으로 등록한 후, 전국적인 지부 조직을 갖추고 실천운동을 중시하는 시민단체로 변모한다. 이전까지 민족문제연구소는 친일 청산 문제에 초점을 맞추고 있었다. 그러나 이때부터는 친일 청산 문제에 국한하지 않고 한일 관계를 비롯하여 독도 영유권 문제, 일본 대중문화 개방 문제, 친일파 기념사업 저지 등과 관련한 실천운동을 병행한다.

처음보다 많은 사람들이 친일 청산 문제에 관심을 갖기 시작했지만 아직도 갈 길은 멀었다. 정부와 일부 보수 언론을 비롯한 기득권 세력은 어떻게든 민족문제연구소의 활동을 막으려 했고, 잘못된 교육을 받아온 일반인들은 어차피 지난 일인데 이제 와 무슨 소용이냐고 관심을 갖지 않았다. 그러나 시간이 흐르면서 차츰차츰 친일 문제를 청산해야 한다는 여론이 높아가기 시작했다. 민족문제연구소의 회원도 늘어났다. 민족의 미래를 고민하는 회원들은 요구하지 않아도 꼬박꼬박 회비를 납부했다. 아직 숫자가 작긴 했지만 매달 안정적으로 들어오는 회비는 연구소 운영에 큰 도움이 되었다.

1997년, IMF가 터졌다. 민족문제연구소 회원 대부분은 평범한 직장인이거나 학생이거나 수입이 일정치 않았다. IMF의 영향을 받지 않을 수 없었다. 2천 명에 달하던 회원이 200명으로 뚝 떨어졌다. 많은 회원들이 형편이 풀리면 언젠가 다시 회원이 되어 그동안 밀린 회비까지 다 내겠다며 미안해 어쩔 줄 몰랐다. 먹고살기 바빠 떠나려니 눈물이 난다는 회원도 있었다. 돈만 있다면 연구원들이 주머니를 털어 회원들을 돕고 싶은 심정이었다.

연구소는 어떻게든 활로를 찾기 위해 모금운동을 시작했다. 그러나 IMF 여파로 실직자가 속출하고 국가 경제 자체가 위기에 빠진

상황이어서, 몇 번의 모금운동은 실패로 돌아갔다. 이 무렵 대학 교수들이 '《친일인명사전》 편찬 지지 교수 1만 인 선언'을 하고 나섰다. 아무리 먹고살기 힘들어도 민족정신을 바로 세우려는 노력을 그만두어서는 안 된다는 것이었다. 그중 많은 교수들이 후원금을 냈고 기꺼이 추진위원을 맡아주었다. 자금 문제가 해결되어 한숨 놓이기도 했지만 연구소는 그보다 그렇게 많은 교수들이 역사 청산의 대의에 동참했다는 사실 자체에 더 감동을 받았다. 그동안의 고생과 노력이 헛되지 않았던 것이다.

교수들의 지지 선언에는 해외동포 교수들도 1천 명 넘게 참여했다. 국내외를 막론하고 교수 사회가 이렇게 똘똘 뭉친 예는 찾기 힘들었다. 그러나 교수들의 지지 선언이 있었음에도 언론은 이 문제를 주목하지 않았다. 당장 숨통은 트였지만 교수들이 어렵게 마련해 준 자금은 이내 바닥이 났다. 연구소 상근자들은 적은 급여마저 반납했다.

상황이 이렇게 되자 열성 회원들이 비상운영위원회를 소집했다.

초대 이사장 이돈명 변호사에 이어 1999년부터 이사장을 맡고 있던 사람은 부민관 폭파 의거*의 주역 조문기 선생이었다. 선생이 노구를 이끌고 연구소 재건을 위해 선두에 나섰다.

"민족사의 과업을 여기에서 멈출 수는 없습니다. 아무리 힘들어도 우리 모두 힘을 모아 앞으로 나가야 합니다."

연로한 독립운동가를 중심으로 연구소의 모든 성원들이 한마음 한뜻을 모아 뭉쳤다. 이렇게 어려운 상황에서도 민족문제연구소는 《일제협력단체사전》을 발간하고, 친일 행적이 있는 박정희기념관 건립을 저지시켰다.

어려움 속에서도 민족문제연구소는 한 발 한 발 앞으로 나아갔다. 시간이 지날수록 민족문제연구소의 역사 청산에 동조하는 사람

---

* 1945년 7월 24일, 친일파 거두인 박춘금이 조직한 대의당이 서울 부민관에서 일제에 충성하는 '아세아민족분격대회'를 열기로 하였다. 이 대회는 조선 총독을 비롯해 괴뢰중국 대표, 만주국 대표, 일본 대표 등이 연사로 출석해 일제에 대한 충성을 다짐하고 미국·영국을 규탄하는 친일 어용대회였다. 이를 사전에 알아챈 조문기, 강윤국, 유만수 등의 대한애국청년단 단원들은 부민관에 폭탄을 터뜨려 집회를 무산시켰다.

과 단체들이 늘어났다. 친일 당사자와 후손들의 참회도 뒤따랐다. 국민들의 의식도 차츰 깨어나기 시작했다. 2000년대에 들어서면서 역사 청산 문제는 더 이상 연구소만의 문제가 아니라 국민 대다수가 압도적으로 지지하는 시대정신이 되었다.

　이 새로운 시대정신을 두려워하는 세력이 있었다. 민족문제연구소가 국민들의 성원을 바탕으로 사전 편찬 작업을 수행하던 2003년 말, 국회가 2004년분 연구소 용역 사업 지원금 전액을 삭감해 버린 것이다. 자신들이나 선조들의 떳떳하지 못한 과거가 드러날 것을 염려한 기득권 세력의 농간이었다. 그러나 이들 기득권 세력조차 시대정신을 거스를 수는 없었다.

　2004년 1월 8일, 《오마이뉴스》를 중심으로 네티즌들은 자발적인 국민모금운동을 시작했다. 55년 전 1월 8일, 반민특위는 친일 기업인 박흥식 화신백화점 사장을 제1호로 체포했다. 네티즌들은 반민특위가 미처 끝내지 못한 과거 청산의 맥을 잇겠다는 뜻으로 이날

모금운동을 시작한 것이다.

목표액 5억 원이 단 11일 만에 모금되었고 이후에도 국민 성금이 계속 이어졌다. 돈보다 더 큰 성과가 있었다. 불황이 계속되어 서민들의 생활이 어려운데도 국회에서 삭감된 돈 이상이 삽시간에 걷혔다는 것은, 수많은 국민들이 역사 청산을 지지한다는 뜻이었다. 국민들의 염원이 확인되면서 친일 문제를 비롯한 과거사 청산은 시대의 화두로 당당히 등장했다. 심지어 국가정보원, 국방부, 경찰청 등에서 과거사진상규명위원회가 만들어지고 사법부조차도 법원의 과거 청산을 받아들이기 시작했다.

2004년에는 민족문제연구소 회원들도 폭발적으로 늘어났다. 그해의 삼일절 행사는 독립기념관에서 열렸다. 천안 지역 회원들이 주도적으로 행사를 준비했다. 조문기 이사장도 노구를 이끌고 먼 길을 달려왔다. 독립운동에 평생을 바쳤음에도 불구하고 조문기 이사장은 자가용도 없었다. 평소에도 조문기 이사장은 집이 있는 수원에서부터 사무실이 있는 청량리까지 차를 몇 번이나 갈아타고 나왔다.

며칠 뒤, 천안의 한 회원으로부터 전화가 왔다.

"저희들 몇 사람이 돈을 모아 자동차를 마련했습니다. 지난번 차도 없이 행사에 오신 이사장님을 보고 우리 민족의 현실을 보는 것 같아 마음이 좋지 않았습니다. 친일을 하면 3대가 흥하고 독립운동을 하면 3대가 망한다는 말이 틀리지 않더군요. 친일 청산을 한다는 우리들이 이사장으로 모시고 있는 마지막 항일의사를 이렇게 대우해서야 되겠습니까? 우리나라가 제대로 되었다면 우리 민족의 독립을 위해 목숨을 걸고 싸운 독립운동가를 최고로 예우했을 겁니다. 그래야 우리 후손들도 나라를 위해 앞장서지요. 그게 제대로 된 나라 아닙니까? 독립운동가를 대우하기는커녕 친일파의 후손들이 제 땅 돌려달라고 큰소리 탕탕 치고 있으니 이거야 원……."

국가가 하지 못한 일을 자신이라도 하겠다는 그 회원의 간곡한 뜻을 물리칠 수 없었다. 덕분에 조문기 이사장은 전용 자가용이 생겼다. 그러나 그 말을 들은 이사장은 그게 무슨 말이냐고 펄쩍 뛰었다.

"늙은이가 무슨 차가 필요합니까? 돌려주시오."

"하지만 이사장님. 그 회원 분께서 마지막 항일의사를 이렇게 대우해서야 쓰겠냐고 기꺼이 마련한 차인데……."

"그런 대접 받으려고 독립운동한 게 아니오. 제 나라 독립을 위해 일한 게 무슨 대단한 일이라고 내가 그런 대접을 받습니까? 정히 그렇다면 일이 우선이니 여러분들이 쓰시오. 무거운 자료 구하러 다니려면 차가 필요할 것 아니오?"

자기 나라 독립을 위해 싸운 당연한 일을 해놓고도 평생 가난하고 힘들게 살아온 조문기 이사장의 뜻에 따라 천안의 회원들이 마련해 준 자가용은 연구소 공용 차량이 되었다. 조문기 이사장의 말을 들은 연구원들도, 천안의 회원들도 마음이 숙연해졌다. 이런 사람들을 대접하는 사회를 만드는 것이 바로 자신들의 일이었다.

2005년 8월 드디어 《친일인명사전》 수록 예정자 1차 명단이 발표되었다. 그리고 그 몇 달 전인 5월 31일에는 대통령 소속으로 친일반민족행위진상규명위원회가 발족하여 일제 강점기 친일 반민족

행위자들을 규명하기 시작했다. 그리고 2008년 4월 29일에는 민족문제연구소와 친일인명사전편찬위원회는 마침내 《친일인명사전》에 수록할 4,700여 명의 명단을 발표했다. 을사조약 전후부터 1945년까지 일본제국주의 국권 침탈, 식민 통치, 침략 전쟁에 적극적으로 협력해 우리 민족에게 직간접적으로 피해를 끼친 자들의 명단이었다. 임종국이 마지막으로 완성하고자 했던, 아픈 몸을 이끌고 말년의 대부분을 쏟아부었던 《친일인명사전》은 2009년에 4,389명이 명단을 담아 총 세 권으로 출간되었다. 2009년은 3·1 만세운동이 일어난 지 90주년이 되는 해이자 반민특위가 해체된 지 60주년이 되는 해다.

그리고 2005년 3월에는 종국의 뜻을 되새기고 역사 정의를 실현하는 이들을 격려할 목적으로 임종국선생기념사업회도 출범했다.

현직 의사로 일하고 있는 민족문제연구소 최수전 감사는 민족문

제연구소의 15주년을 맞아 임종국의 역할을 말하면서 〈답설야중거〉*
라는 시를 인용했다.

> 답설야중거(踏雪野中去) 눈 내린 들판을 걸어가매
> 불수호란행(不須胡亂行) 발걸음을 어지러이 말 것은
> 금일아행적(今日我行跡) 오늘 내가 걸어간 발자국이
> 수작후인정(遂作後人程) 뒷사람의 이정표가 될 것이기에

종국이 사망한 지 벌써 20년이 되어간다. 그러나 잘못된 과거를 청산해야 우리 민족이 바로 설 수 있다는 종국의 뜻은 아직도 이어지고 있다. 종국의 뜻을 받들어 민족문제연구소를 설립하고 종국이 못다 한 연구를 끝마치려는 후배들이 있고, 그 연구소가 제 할 일을

---

* 백범 김구가 즐겨 인용했던 이 시는 흔히 서산대사 휴정(休靜, 1520~1604)의 선시(禪詩)로 알려져 있지만 최근의 일부 연구에서는 조선 후기의 문신 이양연(李亮淵, 1771~1853)의 작품이라고 밝히고 있다.

할 수 있도록 주머니를 턴 국민이 있다. 아직도 친일 문제는 완전히 청산되지 않았다. 그러나 종국이 걸어간 발자국을 이정표 삼아 수많은 사람들이 길을 걷고 있다. 그 힘찬 걸음은 어떠한 역경에도 굴하지 않고 친일 문제가 청산되는 그날까지 멈추지 않을 것이다.

작가의 말

1961년, 55세의 아돌프 아이히만은 이스라엘 법정에서 제2차 세계대전 당시 나치에 협력했다는 이유로 사형을 선고받았습니다. 지난 2000년에는 전쟁이 끝난 지 55년 만에 나치 최후의 전범 재판이 있었습니다. 주인공은 나치 친위대 파견대장을 지냈던 율리우스 필. 체포 당시 무려 83세였던 그는 12년 형을 선고받았습니다.

제2차 세계대전이 끝난 뒤인 1945년 11월, 독일의 뉘른베르크에 세워진 전범재판소는 11개월간 무려 403회의 재판을 통해 전범을 심판했습니다. 그 심판은 종전 60년이 지난 오늘도 끝나지 않았습니다. 나치에게 수백만의 목숨을 잃었던 유대인들은 오늘날까지도 거액의 포상금을 내걸고 유대인 고문과 처형은 물론 생체 실험에 관계했던 아리베르트 하임이라는 오스트리아인 의사를 비롯하여 몇몇 전범들의 뒤를 쫓고 있습니다. 그들이 이미 죽을 날 가깝거나 이미 죽었을지도 모르는 노인인데도 말입니다.

나이에 상관없이 범죄 사실이 밝혀지면 인류의 심판을 받아야 한다는 것이 유대인과 그 유대인을 학살하는 데 앞장섰던 독일인들의 생각입니다. 전쟁은 오래전에 끝났지만 아직도 독일의 전범재판소가 문을 닫지 않은 이유입니다.

1945년, 우리나라가 일본으로부터 독립했을 때, 수많은 사람들이 유대인이나 독일인과 똑같은 생각을 했습니다. 일본에 빌붙어 우리나라의 독립운동가들을 밀고하거나 고문하거나 처형하고, 우리나라의 학생들을 일본의 전쟁터로 내몰고, 우리나라 여성들을 일본 군인의 성 노리개로 전쟁터에 내보낸 친일파들을 민족의 이름으로 심판해야 한다는 생각입니다. 그래야 민족의 기강이 바로 설 테니까요.

이런 국민의 여론을 반영하여 1948년 대한민국 국회는 반민족행위특별조사위원회를 만들었습니다. 그러나 반민특위는 제대로 활동도 하지 못한 채 막을 내리고 말았습니다. 친일파들 대부분이 독립된 대한민국의 요직을 두루 차지한 채 반민특위를 공산당으로 몰았기 때문입니다. 얼마 후 우리나라는 6·25 전쟁에 휘말렸고, 그 후로 친일파들은 친일파를 공개하고 심판하자는 말이 나올 때마다 그런 사람들을 공산당으로 몰아붙였습니다. 언젠가부터 사람들은 친일파라는 말을 입에 담는 것조차 두려워하게 되었습니다. 그러는 사이 독립운동가들을 고문하던 친일 경찰은 더 높은 자리로 진급하고, 민족 수탈에 앞장섰던 친일 관리들도 더 높은 직위에 올랐으며, 일본에 빌붙어 돈을 모은 친일 경제인들은 더 큰 부자가 되었습니다.

국가와 민족을 위해 독립운동에 앞장서 봐야 아무 소용도 없다고 한탄하거나 절망하는 사람들이 늘어나기 시작했습니다. 친일파의 자식들은 외국 유학을 가고 출세하여 떵떵거리는 반면 독립운동가의 자식들은 독립운동하느라 전 재산을 쏟아붓는 바람에 학교조차 변변히 다니지 못했기 때문입니다. 눈치 빠른 사람들은 다시는 국가를 위해 나서지 않고 내 한 몸 잘 먹고 잘살리라, 마음을 굳히기도 했습니다.

그럴 때, 임종국이라는 한 사람이 《친일문학론》이라는 책을 발표했습니다. 당시 문단의 내로라하는 유명 문인들의 행적을 연구한 책이었습니다. 언론도 학계도 이 책에 주목하지 않았습니다. 그럼에도 불구하고 임종국은 죽는 날까지 친일파의 명단을 만들고 그들의 친일 행적을 조사했습니다. 자기 돈을 쏟아부으면서 말입니다. 언젠가부터 임종국의 뜻을 받들어 친일 문제는 반드시 역사에 기록되어야 한다고 믿는 사람들이 하나 둘 늘어나기 시작했습니다. 임종국은 살아생전 자신의 목표를 달성하지 못했지만 그가 죽기 직전까지 조사했던 《친일인명사전》이 2009년 발간되었습니다.

독일인들이나 유대인들이 다 같이 힘을 모아 오늘날까지 전범을 추적하고 심판하는 반면 우리나라는 친일파 처리 문제를 놓고 아직도 의견이 분분합니다. 친일파들은 이미 늙고 자식들까지 피해를 보는데 굳이 옛날 일을 들출 필요가 있느냐고 주장하는 사람들도 있습니다.

여러분은 어떻게 생각하세요? 여러분의 할아버지, 혹은 증조할아버지가 친일파였다면? 할아버지가 친일을 한 대가로 부자가 되었고, 그 돈으로 여러분의 부모님과 여러분이 지금까지 편안하게 잘살고 있다면? 대신 독립운동을 했던 누군가가 우리 할아버지 때문에 목숨을 잃거나 고문을 당해 장애인이 되었다면? 그렇다면 여러분은 어떻게 하겠어요?

참 어려운 상황이지요? 시험을 볼 때는 네 개나 다섯 개의 보기 중에 하나의 정답이 있지만 세상 일에는 정답이 없는 경우가 종종 있습니다. 이 경우에도 정답은 없습니다. 하지만 아름다운 대답은 있습니다.

"미안합니다."

이것이 바로 세상에서 가장 아름다운 대답입니다. 사람들은 누구나 잘못을 합니다. 잘못하는 순간 깨끗이 인정하면 그 사람은 다시는 같은 잘못을 반복하지 않고 더 나은 길로 나아갈 수 있습니다. 그런데 잘못을 덮기 위해 더 큰 잘못을 저지르는 사람들이 있습니다. 우리나라의 친일 청산 문제는 이렇게 잘못을 덮기 위해 저지른 더 큰 잘못들로 뒤덮여 대체 뭐가 뭔지 알 수 없는 지경에 이르고 말았습니다.

진실은 늘 단순합니다. 잘못을 하면? 사과하면 됩니다. 이것이 얽히고설킨 친일파 문제를 풀어나가는 가장 단순하고 아름다운 해법이 아닐까요? 임종국이 아무도 돌아보지 않는 친일파 문제에 주목하고 청춘과 열정을 바친 것은 그 단순하고 아름다운 진리가 우리나라에서도 가능하기를 바랐기 때문이었을 겁니다. 때로 한 사람의 열정이 사회를 변화시키기도 합니다.

지금 여러분은 무슨 꿈을 꾸고 있나요?

[초판] 발문

민족을 위해 촛불을 켠 임종국

1

우리나라에서 결코 소홀히 해서는 안 되는 분이 있다. 일반인들에게는 생소하지만, 알 만한 사람은 모두 알고 있는 분, 그래서 묻힐 것 같지만 묻히지 않고 살아 있는 분이다. 민족의식이나 역사의식이 있는 사람들은 그에게 많은 빚을 졌고, 반민족주의자나 그 후손·아류 들은 그를 증오해 왔다. 학자이면서도 상아탑을 거부하고, 문인이면서도 음풍농월(吟風弄月)*의 글쓰기와 절연한 분. 똑똑한 교수·언론인·문인 모두가 기피하던 길을 혼자서 걸어간 고독한 분이었다. 한 번도 월급봉투를 부인에게 전해 주지 못한 가장이었다. 자가용은커녕 버스를 탈 여유도 없었다. 남들 못지않은 학벌에 총명한 두뇌를 가져 얼마든지 출세의 길이 있었는 데도 이를 마다하고 고난의 길을 걸었다.

대한민국에는 해방 수십 년이 지날 때까지 하나의 금기가 있었다.

---

* 맑은 바람과 밝은 달을 대상으로 시를 짓고 흥취를 자아내 즐겁게 놂.

이승만, 장면, 박정희, 전두환, 노태우 정권에 이르기까지 그 금기는 깨지지 않았다. 깨지기는커녕 더욱 강고해지기만 했다. 그들은 정계, 재계, 언론계, 학계, 문화·예술계에 이르기까지 똬리를 틀고 거대한 세력을 형성했다. 정치권력과 돈과 학술과 대학을 지배했다. 앞에서 끌어주고 뒤에서 밀면서, "우리가 남이가" 하는 속내로 뭉쳤다.

딱 한 번 기회가 있었다. 해방 직후 제헌국회에서 이들을 처벌하자고 반민족행위특별조사위원회까지 구성하여 작업을 하던 중에 이승만 대통령의 지시로 반민특위가 짓밟혔던 것이다. 그 이래로 일제강점기 36년보다 더 긴 세월 동안 거칠 것 없이 자자손손 대를 이으면서 부귀영화를 누렸다.

이 사람들에게 함부로 입을 놀리거나 글을 썼다가는 직장에서 쫓겨나거나, 자칫하면 용공·좌경, 빨갱이로 몰리기 십상이었다. 이승만 정권이 붕괴되고, 군사 쿠데타가 일어나고, 문민 정부가 들어서고, 민주화가 되어도 강고한 성곽은 무너지지 않았다. 가히 '천년왕국'이다.

세르반테스의 '돈키호테'는 풍차 앞에서 칼을 휘둘렀지만, 그이는 천년왕국에 맨손으로 볼펜을 휘둘렀다. 미친놈 소리를 들어야 했고, 친구들이 하나 둘씩 떠나가고, 협박이 날아왔다. 그래도 말을 듣지 않으면 회유하러 들었다. 글쟁이에게 글쓰는 지면을 주지 않고 책을 내도 서평이나 추천서 하나 써주지 않는다. 무시하기, 묵살하기, 고사 전략이었다.

진리에 목마름, 정의에의 갈증, 불의에 대한 분노, 여기에 친일파 연구로 과로가 겹치면서 몸에 병이 나고, 서울 생활은 감당하기 어려웠다. 그래서 시골로 내려갔지만 병이 도지고 병원에 가서 치료를 받을 처지도 못 되었다. 그리고 죽었다. 예순 살이었다.

이런 사람이라면 억울하지 않을까? 적당히 타협하고 아첨하면서, 대세에 순응하면서 살면 편했을 터인데, 그렇지 않고 터부에 도전하다가, 금기와 싸우다가, 외롭게 죽었다. 억울하지 않겠는가.

정부와 국회가 해야 할 일을, 교수와 언론인 들이 맡았어야 할 일을, 문인, 작가 들이 나섰어야 할 일을, 그분이 혼자서 했다. 고픈 배를 움켜쥐고, 자식들 교육비로 들어가야 할 돈을 자료(사료) 구입하고 복사비로 다 쓰면서, 친일파들의 죄상을 밝히고, 민족정기를 살리느라고 모든 열정을 쏟았다. 그리고 그 일이 미처 끝나기도 전에 눈을 감았다.

2

임종국 선생이 살아온 삶을 돌아보면 모든 선각자들이 그렇듯이 시련과 고난의 연속이었다. 역사의 길에 자신의 눈높이를 맞추고 힘들지만 바른길, 정도를 걸었다. 일제 강점기 말기에 태어나 청소년 시절 일본 말을 '국어'라고 배워야 했고, 자신이 일왕(日王)의 백성인 줄만 알았다. "조선 놈하고는 놀지 말라"는 일본 친구 어머니의 모진 소리를 들으며 자랐다.

경성공립농업학교에 들어갔지만 공부보다는 근로동원에 나가고, 청년과 처녀 들이 징병과 일본군 위안부로 끌려가는 모습을 지켜보았다. 일본이 패망하고, 일본 군인들이 임종국이 다니던 학교에 와서 연못 속의 잉어에게 총질을 했다. 그리고 "20년 후에 다시 만나자!"라고 경멸하는 어조로 쏘아붙였다.

임종국에게 일본 군인의 이 한마디는 쇠꼬챙이가 되어 가슴팍에 꽂혔다. "일본 놈들이 다시 온다?" 생각하기도 싫은 말이었다. 그러나 정확히 20년이 되는 1965년 한일 굴욕 회담을 통해 일본은 다시 한국에 나타났다. 그들은 과거의 만행을 반성하지 않고 역사 왜곡과 독도 영유권을 주장하면서 우리나라를 또다시 넘보기 시작했다.

임종국은 일본 군인이 던진 한마디에 인생을 걸었다. 어떤 일이 있어도 다시는 일본의 침략을 용납해서는 안 된다, 그러기 위해서는 민족정기를 바로잡아야 한다, 이를 위해서는 나라를 팔고 일제에 협력한 친일파들의 죄상을 세상에 밝혀야 한다고 결심했다.

임종국은 한때 페스탈로치처럼 교육받지 못한 사람들을 돕는 일을 하고 싶었고, 연주가가 되고 싶었다. 그래서 서울음악전문학원 첼로과에 입학했다. 집안의 장남이 첼로에 빠져 있는 것을 못마땅하게 여긴 어머니가 시골 큰댁의 양자로 보냈다. 6·25 전쟁이 일어나기 전 임종국은 한 달짜리 경찰학교 교육을 받고 경찰에 들어갔다. 전란 중에 인민군에 붙잡히기도 했지만 용케 살아남았다. 경찰을 그만두고 1952년 고려대학 정치과에 입학하여 공부를 시작했다. 하지만 6·25 전쟁을 겪으면서 정치에 환멸을 느끼고 판검사가 될 요량으로 법률책을 열심히 읽었다.

3

제대로 먹지도 못한 몸으로 열심히 공부하다 보니 위장병에 걸리고 말았다. 학교를 휴학하고 좋아하던 이상의 〈날개〉를 읽은 것을 계기로 그의 전집 3권을 냈다. 25세 때이다. 이를 계기로 출판사에 들어가 출판 일을 하면서 간간이 시를 썼다. 하지만 적성에 맞지 않아 이내 출판사를 그만두었다. 그러고는 빨랫비누, 화장품, 참빗 장수 등 닥치는 대로 장사를 했다.

그의 재능을 아까워하는 분의 추천으로 어느 신문사에 일제 강점기 기인들의 행적에 대해 연재를 하면서 친일파들의 반민족 행위를 알게 되었다. 그때부터 친일파 연구에 모든 것을 걸었다.

임종국은 도서관에서 친일파 자료 찾기에 세월을 보냈다. 생계가 어렵고 건강이 망가졌지만 몇 해 만에 《친일문학론》을 펴냈다. 우리나라에서는 처음으로 친일 문인들의 죄상을 밝힌 책이었다. 그런 과정에서 아버지의 친일 행적을 알게 되고 고민에 빠졌다. 아버지는 오히려 자신의 행적을 숨김없이 쓰라고 아들을 격려했고, 아들은 아비의 행적까지 포함하여 친일파들을 역사 앞에 고발했다.

틈틈이 친일파 관련 글을 발표하고 《친일인명사전》 발간을 위해 자료를 모았다. 정부나 대학, 연구소에서 해도 벅찬 일을 혼자서 준비하다가 쓰러지고 말았다. 천안으로 내려가 논농사와 밤농사를 지으며 전기도 들어오지 않은 산골 마을에서 친일파 연구에 몰두하다가 폐기종이 악화된 것이다.

출판사를 그만둔 이래 20여 년 동안 월급 한 푼 받지 못하면서 모든 것을 바쳤다. 10여 권에 달한 값진 친일 관련 책을 내고, 《친일인명사전》에 필요한 기초 자료를 모았다. 그리고 눈을 감았다. 임종국 선생의 선구자적인 연구로 친일파 연구에 촛불이 켜지고, 선생의 뜻을 잇겠다는 후학들이 모여 민족문제연구소를 만들어 《친일인명사전》 편찬을 눈앞에 두고 있다. 그리고 국가기관으로 친일반민족행위진상규명위원회와 친일반민족행위자재산조사위원회가 구성되어 뒤늦게나마 친일파들의 단죄에 나섰다. 임종국 선생이 아니었으면 불가능한 일들이다.

선생이 가신 지 20년 만에 친일파들이 가장 두려워하는 임종국 선생의 평전, 어린이와 청소년들이 읽을 수 있는 《임종국, 친일의 역사는 기록되어야 한다》가 나왔다. 역사의식이 투철한 작가 정지아 선생이 썼다. 이보다 더 기쁠 수가 없다. 저세상에 계시는 선생님께서도 기뻐하실 것이다. 이 책을 집어 든 여러분은 나라를 사랑하고 역사를 알고 민족정기를 잇고자 하는 한국인임을 믿어 마지않는다. "서둘러서 천천히" 읽었으면 한다.

2008년 7월

김삼웅 _제7대 독립기념관장

연보

1929. 10. 26.	경남 창녕군 창녕면 신당리에서 출생
1936. 4.	경성 재동소학교 입학
1942. 5.	경성공립농업학교 입학
1945. 9.	경성공립사범학교 입학(1946년 중퇴)
1947. 3.	서울음악전문학원 첼로과 입학(1947년 중퇴)
1949. 7.	경남 경찰국 경찰학교 입교
1952. 4.	순경 의원면직, 고려대학교 정치학과 입학
1956. 7.	《이상전집》(문성사) 출간
1957. 5.	편집 책임을 맡은 《시인전집》(신구문화사) 출간
1957. 8.	《문학예술》에 시 〈비(碑)〉로 등단
1965.	한일회담을 계기로 일제 침략사와 친일파에 대한 연구 시작
1966. 7.	《친일문학론》(평화출판사) 출간
1968. 9.	고려대 정치학과 재입학(1969년 졸업)
1970.	《발가벗고 온 총독》(선문출판사) 출간
1974.	《한국문학의 사회사》(정음사) 출간
1978.	《취한(醉漢)들의 배》(평화출판사) 출간
1980.	《한국사회풍속야사》(서문당) 출간
1980. 11.	천안 삼룡동으로 이사
1981.	《정신대 실록》(일월서각) 출간
1982.	《일제침략과 친일파》(청사) 출간

1984.	《밤의 일제 침략사》(한빛출판사) 출간
1985.	《일제하의 사상탄압》(평화출판사) 출간
1986.	《한국문학의 민중사》(실천문학사) 출간
1987.	《친일논설 선집》(실천문학사) 출간
1988-1989.	《일본군의 조선침략사 1, 2》(일월서각) 출간
1989. 11. 12.	《친일파 총서》(전10권) 집필 중 폐기종으로 타계
1991. 2. 27.	반민족문제연구소 출범(1995년 '민족문제연구소'로 개칭)
1992.	제6회 심산상 수상(수상 저서 : 《친일문학론》《일제침략과 친일파》)
1994.	《임종국 선집 1 : 친일, 그 과거와 현재》(아세아문화사) 출간
1995.	《임종국 선집 2 : 또 망국을 할 것인가》(아세아문화사) 출간
1996.	《임종국 선집 3, 4 : 한국인의 생활과 풍속》(아세아문화사) 출간
2003. 8.	KBS 1TV 〈인물현대사〉 '임종국' 편 방영
2005. 3.	임종국선생기념사업회(회장 장병화) 출범
2005. 10.	보관 문화훈장 추서
2005. 11.	제1회 임종국상 제정 및 시상
2006. 2.	《임종국 선집 5, 6 : 여심이 회오리치면》(아세아문화사) 출간
2006. 10.	《임종국 선집 7 : 여인열전여성, 세상을 열다》(아세아문화사) 출간
2006. 11.	제2회 임종국상 시상
2006. 11.	《임종국 평전》(시대의 창) 출간
2007. 11.	제3회 임종국상 시상
2008. 11.	《임종국, 친일의 역사는 기록되어야 한다》(여우고개) 출간
2009. 11.	《친일인명사전》 간행

도움받은 책

임종국, 《친일문학론(親日文學論)》(평화출판사, 1966)

임종국(공저), 《흘러간 성좌(星座)》(국제문화사, 1966)

임종국, 《이상전집(李箱全集)》(문성사, 1966)

임종국(편저), 《정신대 실록》(일월서각, 1981)

정운현, 《임종국 평전》(시대의창, 2006)

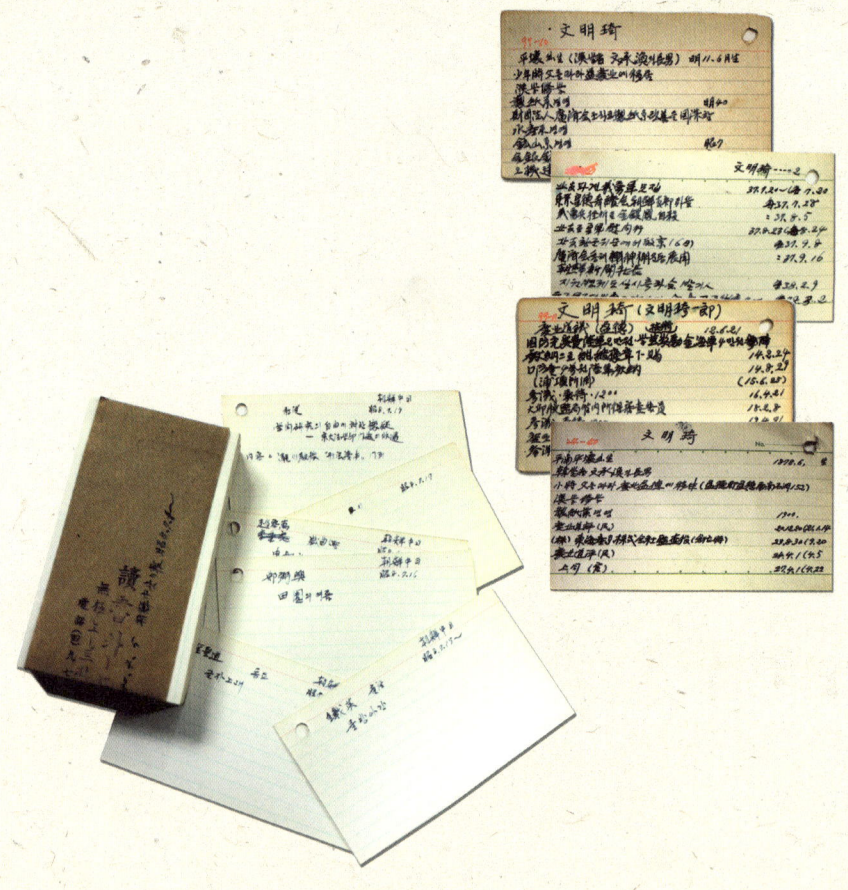

본문에 인용된 문학 작품

20쪽_ 임종철·임종한, 비명

42쪽_ 김동환, 〈권군 '취천명'(勸君就天命)〉, 《매일신보》(1943. 11. 6)

76쪽_ 이상, 〈날개〉, 《이상전집》

82쪽_ 임종국, 〈꽃망울 서장(序章)〉, 《사상계》(1960. 1.)

96쪽_ 서정주, 〈반도학도특별지원병 제군에게〉, 《매일신보》(1943. 11. 6)

124쪽_ 임종국, 〈외과의사(外科醫師)〉(1967)

139쪽_ 임종국(편저), 《정신대 실록》(일월서각, 1981)

170쪽_ 이양연의 〈답설야중거〉는 《임연당별집(臨淵堂別集)》에 수록된 〈야설野雪〉이란 한시의 두 수 중 첫 수에 해당한다. 서산대사의 문집에는 실려 있지 않다.

임종국 | 친일의 역사는 기록되어야 한다 |

초판 1쇄 발행 _ 2008년 11월 24일
개정판 1쇄 발행 _ 2023년 1월 15일

글 _ 정지아
그린이 _ 이윤엽
기획 _ 민족문제연구소

펴낸곳 _ 여우고개
펴낸이 _ 박관이
책임 편집 _ 김태윤
책임 디자인 _ 이민영, 이정은

ISBN _ 978-89-92855-51-8 73810

등록 _ 1999. 04. 16 | 제2-2799호

서울시 영등포구 선유로49길 23 아이에스비즈타워2차 1005호
편집 02)333-0812 | 마케팅 02)333-9918 | 팩스 02)333-9960
이메일 bybooks85@gmail.com
블로그 https://blog.naver.com/bybooks85

책값은 뒤표지에 있습니다.
여우고개는 아이들이 잃어버린 상상의 세계, 사회를 깊이 바라보는 창입니다.

어린이제품 안전특별법에 의한 표시사항

제조자명 여우고개 제조국 대한민국 사용연령 10~15세 제조년월 판권에 별도 표기
주소 서울시 영등포구 선유로49길 23 1005호 연락처 02-333-0812
⚠ 주의사항 책 모서리나 종이에 긁히거나 베이지 않게 조심하세요.